हास्य-व्यंग्य शतक

सम्पादक

डॉ. माणिक मृगेश

वाणी प्रकाशन

वाणी प्रकाशन
4695, 21-ए, दरियागंज, नयी दिल्ली 110 002
शाखा
अशोक राजपथ, पटना 800 004
फ़ोन: +91 11 23273167 फ़ैक्स: +91 11 23275710
www.vaniprakashan.in
vaniprakashan@gmail.com
sales @vaniprakashan.in

HASYA-VYANGYA SHATAK
Edited by Dr. Manik Mrigesh

ISBN : 978-81-8143-904-8
A Collection of Humorious & Satire Poems

प्रथम संस्करण

मूल्य : ₹395

सिटी प्रेस, दिल्ली-110 095 में मुद्रित

वाणी प्रकाशन का लोगो मक़बूल फ़िदा हुसेन की कूची से

साड़ी पै छपा दो

जब एक नवोदित कवि की
हरेक रचना को बिना छापे ही
हर पत्र-पत्रिका ने वापस लौटाया
तो कवि महोदय पै मातम सा छाया
इतना देख कवि पत्नी बोली—
ए जी निराश काहे होते हो,
इन बैरिन पत्र-पत्रिकाओं में आग लगा दो
कोई नहीं छापता तुम्हारी कविता—
तो इन्हें मेरी साड़ी पै छपा दो।

जब यह बात हमारे मित्र अरुण तक पहुँची
उन्होंने टेलीफोन पर कुशल क्षेम पूछी
और कहा काहे होते हो परेशान
कोई नहीं छापता
तो हम कब काम आएँगे श्रीमान
भेज दो छप जाएगा
इसी बहाने पाठकों को
हास्य रस का आस्वाद तो मिल जाएगा
परिणामतः
***'हास्य शतक'** आप के माथ है*
विदेशी शक्तियों का नहीं—
इसके पीछे श्री अरुण माहेश्वरी का हाथ है।

—डॉ. माणिक मृगेश

अनुक्रम

सम्पादकीय

मानव जन्म के साथ ही हास्य की उत्पत्ति मानी जा सकती है। मानव के जन्म से ज्यादा उल्लास जीवन में कभी आता ही नहीं। भरत मुनि ने हास्य के दो रूप मानने हैं—स्मित व अतिहँसित दोनों के द्वारा हास्य व्यंजित होता है। यही व्यंजना व्यंग्य कहलाती है। काव्यशास्त्री प्रख्यात कवि केशव ने हास्य के चार प्रकार बताये हैं—मन्द हास, कल हास, अति हास व परिहास। कई अन्य काव्यशास्त्रियों के अनुसार हास्य के ये भी प्रकार होते हैं—स्मित, हँसित, विहँसित, तथा उपहँसित (अतिहँसित)। स्मित व हँसित को उत्तम, विहँसित को मध्यम अतिहँसित तथा उपहँसित को अधम माना गया है। अतिहँसित ही कालान्तर में अट्टहास के रूप में प्रचलित हुआ। अट्टहास का शाब्दिक अर्थ है ऐसी हँसी जो कि अट्टे (अटारी) तक पहुँचे अट्टहास कहलाती है। इसी अट्टहास को मंचीय कविता के क्षेत्र में ठहाका कहते हैं। पाश्चात्य काव्यशास्त्र में ऑयरनी व सेटायर दो रूप मिलते हैं। जिन्हें हिन्दी में कटाक्ष तथा व्यंग्य कहा जाता है। वक्रोक्ति, अतिशयोक्ति व वाक्विदग्धता भी हास्य-व्यंग्य के अन्तर्गत ही समाहित होती हैं। विनोद को लाइट ह्युमर कहा जाता है। कुल मिलाकर कहा जाए तो हास्य का श्रेष्ठतम प्रकार उल्लास होता है। उल्लास से फूल, (प्रफुल्ल) का विकास हुआ। फूल जब अपने यौवन पर आकर खिलखिलाता है वही उल्लास है जीवन में भी सम्पूर्ण हास्य को उल्लास कहा गया है।

साहित्य व हास्य की बात करें तो साहित्य के साथ ही हास्य का जन्म हुआ। आदि महाकाव्य—रामायण व महाभारत में अनेक हास्य के उदाहरण मिलते हैं। हिन्दी कविता में हास्य के दर्शन अमीर खुसरो से ही हो जाते हैं। अमीर खुसरो की पहेलियों व दोहों में हास परिहास मिलता है।

"एक नार ने अचरज कीन्हा, सर्प मार बगल में दीन्हा।"

अमीर खुसरों के बाद कबीरदास आते हैं। कबीर ने हास्य से ज्यादा व्यंग्य लिखा है।

''जो तू ब्राह्मण ब्राह्मणी जाया, आन वाट से क्यूँ नहीं आया।''

तथा

''जो तू तुरक तुरकनी जाया, अन्दर खतना क्यूँ न कराया।''

सूरदास के पदों में भी हास्य है।

''मैया मैं नहिं माखन खायौ
मैं बालक बँहियन को छोटो, छींकौ केहि विधि पायौ।''

राम काव्य में भी हास्य-व्यंग्य, वक्रोक्ति व अतिशयोक्ति के उदाहरण मिल जाते हैं–

''हनुमान की पूँछ में, लगन न पाई आग,
लंका सारी जल गयी, गये निशाचर भाग।''

केशवदास ने स्वयं अपने ऊपर एक हास्य का दोहा लिखा–

''केशव केसन अस करी, ज्यों रिपुहू न कराहि।
चन्द्र वदन मृगलोचनी, बाबा कहि कहि जाहि।''

बिहारी काव्य में वक्रोक्ति, अन्योक्ति के वाक्‌विदग्धता भरी पड़ी है–

''कहत नटत रीझत खिलत, मिलत खिलत लजियात
भरे भौन में करत हैं, नैनन ही सौं बात।''

आधुनिक युग में भारतेन्दु मंडली के सभी कवियों ने हास्य लिखा है। भारतेन्दु की मुकरियाँ हास्य के अच्छे उदाहरण हैं।

''अन्दर अन्दर सब रस चूसै, बाहर ते तन मन धन मूसै,
जाहिर बातन में अति तेज, को सखि साजन, नहिं अंग्रेज।''

छायावाद तथा प्रगतिशील कवि निराला में हास्य की तुलना में व्यंग्य ज्यादा है। नागार्जुन की कविता हास्य व व्यंग्य का अच्छा समीकरण है–

''बहुत दिनों तक चूल्हा रोया, चक्की रही उदास,
बहुत दिनों तक कानी कुतिया, सोई उसके पास।''

धूमिल की रचनाओं में 'व्यंग्य' प्रधान है–

''एक आदमी रोटी बेलता है।
एक आदमी रोटी खाता है।
एक तीसरा भी आदमी है,
जो न रोटी बेलता है न खाता है,
वो सिर्फ रोटी से खेलता है,

मैं पूछता हूँ ये तीसरा आदमी कौन है,
मेरे देश की संसद क्यों मौन है?"

हास्य को व्यवस्थित रूप से जो सम्मान दिलाया वो हैं—पंडित गोपाल प्रसाद व्यास। हालाँकि गोपाल प्रसाद व्यास से पहले भी रमई काका, बेढव बनारसी, बेधड़क बनारसी व ऊँट विरहलवी आदि हास्य लिख रहे थे और मंच पर जम रहे थे। गोपाल प्रसाद व्यास ने हिन्दी साहित्य सम्मेलन के माध्यम से दिल्ली रामलीला मैदान में विधिवत रूप से कवि सम्मेलनों की परम्परा का सूत्रपात किया। व्यास मंडली के हास्य कवि थे—ओमप्रकाश आदित्य व अल्हड़ बीकानेरी। काका हाथरसी व्रज में हास्य लिखा करते थे इस कारण उनका दायरा छोटा था। गोपाल प्रसाद व्यास के माध्यम से वे खड़ी बोली (हिन्दी) के क्षेत्र में आये और हिन्दी मंचों पर छा गये और उन्हें हास्य सम्राट कहा जाने लगा। बिना काका हाथरसी के कोई मंच जमता ही नहीं था। काका हाथरसी ने हास्य कविता को सर्वाधिक लोकप्रिय बनाया और घर-घर तक पहुँचाया। ओमप्रकाश आदित्य छन्दबद्ध शिष्ट हास्य के सबसे बढ़िया कवि थे। अल्हड़ बीकानेरी ने लोकशैली (हरियाणवी) में विशुद्ध हास्य लिखा। जैमिनी हरियाणवी, मधुप पांडेय व सुरेन्द्र मोहन मिश्र का नाम प्रख्यात कवियों में था। हास्य के क्षेत्र में हुल्लड़ मुरादाबादी ने मंच पर कविता पढ़ने की एक विशिष्ट शैली का सूत्रपात किया। जो उनकी पहचान बना। भारत में हिन्दी की हास्य कविता का पहला कैसेट हुल्लड़ मुरादाबादी का निकला—"एक मोहल्ले में एक ही रहेगा।"

उसी समय गोविन्द व्यास, माणिक वर्मा, व्यंग्य के क्षेत्र में पताका फहरा रहे थे। माणिक वर्मा जैसा व्यंग्यकार अभी तक हिन्दी मंच पर नहीं आया है। सुरेश उपाध्याय व घनश्याम अग्रवाल ने भी बहुत अच्छे व्यंग्य लिखे हैं। तदनन्तर सुरेन्द्र शर्मा वह अशोक चक्रधर मंच पर आये। अशोक चक्रधर ने हास्य और व्यंग्य दोनों के क्षेत्र में भारी नाम कमाया है। सर्वोत्तम संचालक के रूप में वे आज भी जाने जाते हैं। सुरेन्द्र शर्मा अपनी चार लाइनों के माध्यम से पूरे संसार में मशहूर हैं। इसी समय जगन्नाथ विश्व, व्यंकटविहारी पागल, पंडित विश्वेश्वर शर्मा, सत्यनारायण भोंपू अच्छी हास्य कविताएँ लिख रहे थे। इसके बाद जमाना आया गुरु सक्सेना यानी साँड़ नरसिंहपुरी का वो अपनी अद्‌भुत शैली और वैज्ञानिक कविता हास्य मंच पर लाये और बहुत लोकप्रियता हासिल की।

हास्य-व्यंग्य क्षेत्र की कुछ परम्पराओं का उल्लेख करना भी संगत होगा। पंडित गोपाल प्रसाद व्यास ने हास्य के क्षेत्र में पत्नीवाद का प्रवर्तन किया। पत्नी

को आधार मानकर बहुत ही लोकप्रिय हास्य रचनाएँ लिखीं। 'पत्नी को परमेश्वर मानो' भगवान मुझे घरवाली दो।

इस पत्नीवाद को बाद में सुरेन्द्र शर्मा ने अपनाया–

"पत्नी बोली ए जी ये स्वतन्त्रता दिवस
कै होवे सै
मैं बोल्यो–जब पत्नी मायके चली जावे
तब स्वतन्त्रता दिवस होवे।"

गिरधर कविराय ने चन्दरबरदाई के जमाने से लिखे जा रहे कुंडलिया छन्द को ब्रजभाषा में जनता के सम्मुख रखा। यूँ तो गिरधर कविराय ने कुंडलियों में नीति सम्बन्धी बातों को ही विषय बनाया पर उनकी कुंडलियों में हास्य का भी पुट रहता था। यथा–

"लाठी में गुण बहुत हैं, सदा राखिए संग,
गहरे नद नाले जहाँ, तहाँ बचावे अंग,
तहाँ बचावे अंग, झपटि कुत्ता कूँ मारै,
दुश्मन दावागीर होंय, तिन हूँ कूँ झारै,
कहँ गिरधर कविराय, सुनो ओ घर के पाठी,
सब हथियारन छांड़ि संग में लै लेहु लाठी"

काका हाथरसी ने भी शुरू-शुरू में कुंडलियाँ लिखीं, लेकिन बाद में वे इसका परिपाक नहीं कर पाये तो फिर केवल छह पंक्तियाँ लिखीं। जिन्हें उन्होंने छक्का नाम दिया–

"आये जब इंग्लैंड से, भारत विलियम डंग।
खाकर गर्म जलेबियाँ, डंग रह गये दंग।
डंग रह गये दंग, इन्हें किस तरह बनाता।
ताज्जुब है अन्दर शरबत, कैसे घुस जाता?
बैरा बोला सर, इन्हें आर्टिस्ट बनाते।
जब बन जाती तब, इंजेक्शन से रस पहुँचाते॥

झुंझनूं (राजस्थान) के रहने वाले श्री विमलेश राजस्थानी ने राजस्थानी में विशिष्ट शैली में हास्य रचनाएँ लिखीं और इसी शैली को बाद में सुरेन्द्र शर्मा ने अपनाया।

सूँड़ फैजाबादी ने हास्य क्षेत्र में एक अभिनव प्रयोग अखबारों की कतरन से किया। दो हैडलाइनों को मिलाकर हास्य उत्पन्न किया–

भोपाल में कांग्रेस का अधिवेशन शुरू (पहली हैडलाइन)

पशु मेला प्रारम्भ (दूसरी हैड लाइन)

बाद में माणिक वर्मा और महेन्द्र अजनबी ने भी इसे अपनाया।

सबरस भारती ने हास्य के क्षेत्र में दुमदार दोहों का सूत्रपात किया—

"भारत में जो भी मरे, वही स्वर्ग में जाय,
पता नहीं है नरक क्यों, विधि ने दियो बनाय,
वहाँ क्या भैंस बँधेंगी।"

हुल्लड़ मुरादाबादी, सुरेन्द्र दुबे व अशोक शर्मा ने दुमदार दोहे लिखे। पंडित विश्वेश्वर शर्मा मंच पर पेरोडी लेकर आये और पेरोडी किंग के रूप में विख्यात हुए। बाद में श्री पद्म अलबेला ने भी इसे अपनाया।

डॉ. सरोजिनी प्रीतम ने हास्य के रूप में सीपिकाएँ लिखीं, और बहुत ही लोकप्रिय हुईं—

"जल्लाद की पत्नी बताती है,
जब ये मेरी गर्दन की
तारीफ करते हैं,
मेरी तो घिग्घी बँध जाती है।"

सरदार रतनसिंह रत्न, सुभाष काबरा, धरमवीर सबरस, आशकरण अटल, वीनू महेन्द्र, प्रकाश पपलू, सुरेन्द्र दुबे, धमचक मुलथानी, धूमकेतु, महेन्द्र अजनबी, अरुण जैमिनी, सुनील जोगी, महेन्द्र शर्मा, मनोज मनोहर, प्रकाश प्रलय, सरदार मनजीत सिंह, सुरेश नीरव, योगेन्द्र मौदगिल, राजेन्द्र मालवीय आलसी, गोपीनाथ चर्चित, मूलचंद नादान, प्रवीण शुक्ल, सुरेश अवस्थी, चक्रधर शुक्ल, आनन्द गौतम, मुकेश गौतम, अशोक शर्मा, लक्ष्मीदत्त तरुण, हलीम आईना आदि के साथ-साथ लगभग पचास कवि हास्य कविता के मंच पर इस समय विद्यमान हैं।

इस संग्रह में हिन्दी मंच के 23 प्रख्यात हास्य कवियों—सर्वश्री अशोक शर्मा, आनन्द गौतम, इन्द्र प्रसाद अकेला, गुरु सक्सेना, गोपीनाथ चर्चित, घनश्याम अग्रवाल, चक्रधर शुक्ल, जगन्नाथ विश्व, धूमकेतु, प्रकाश प्रलय, पी.के. दीवाना, भरतलाल गुप्त, मनोज मनोहर, डॉ. माणिक मृगेश, मुकेश गौतम, योगेन्द्र मौदगिल, सरदार रतनसिंह रत्न, राजेन्द्र मालवीय (आलसी), राजेन्द्र पटैरिया, लक्ष्मीदत्त तरुण, वीनू महेन्द्र, सम्पत सरल, हलीम आईना की शताधिक कविताओं को संगृहीत किया गया है। इन कविताओं में आपको दसों प्रकार के हास्य के साथ-साथ कटाक्ष, व्यंग्य, अन्योक्ति व वक्रोक्ति के दर्शन हो जाएँगे। इस संग्रह के सभी कवि हिन्दी हास्य कविता के जाने माने हस्ताक्षर हैं। कई कवियों के अपने अलग से संग्रह

प्रकाशित हुए हैं। इन्होंने मंच से श्रोताओं को खूब गुदगुदाया है, हँसाया है और अपने हास्य रंग की तीक्ष्ण धार से सोचने को भी मजबूर किया है।

मुझे पूरा विश्वास है कि यह संग्रह एक आम पाठक की आम खुराक के लिए काफी है। अगर आप एक सप्ताह के लिए घर से बाहर जा रहे हैं तो आपके लिए पूरी सामग्री इसमें है। चौबीस घंटे की रेल यात्रा में यह संग्रह आपको बोर नहीं होने देगा। और चूँकि इसे हिन्दी प्रकाशन जगत के सबसे बड़े प्रकाशक 'वाणी प्रकाशन' ने छापा है, इसलिए इसकी महत्ता व उपादेयता दुगुनी हो जाती है। मैं सभी रचनाकारों व वाणी प्रकाशन के प्रबन्ध निदेशक श्री अरुण माहेश्वरी के प्रति आभार व्यक्त करता हूँ। मुझे आशा है कि हास्य-व्यंग्य के क्षेत्र में यह संग्रह अपना एक विशिष्ट स्थान बनाएगा और सुधी पाठकों को रस रंजित करेगा।

'मृगेशायन' **डॉ. माणिक मृगेश**
22-बी, मनोरथ सोसाइटी,
न्यू समा रोड, वडोदरा-390 024
मो. : 9909019951
ई-मेलः e-mail : mrigeshmanik@gmail.com

कवि अशोक शर्मा

जन्मतिथि : 01 अगस्त 1958

जन्मस्थान : हाथरस (उ.प्र.)

शिक्षा : एम.ए.(साहित्यिक हिन्दी)

लेखन विधा : हास्य-व्यंग्य

प्रकाशित पुस्तकें : 'मंचीय हास्य-व्यंग्य एवं कविताएँ', 'हास्य कवियों की धमाचौकड़ी', 'हास्य कविताओं के चैम्पियन', 'हँसते रहो हँसाते रहो', 'बीसवीं सदी के चर्चित हास्य कवि'।

टी.वी. कार्यक्रमों में हास्य कविताओं का प्रसारण : डीडी-1 द्वारा प्रसारित 'कहकहे', एनडीटीवी द्वारा प्रसारित 'अर्ज किया है', साधना टीवी द्वारा प्रसारित 'कवियों की चौपाल', ईटीवी भोपाल द्वारा प्रसारित 'गुदगुदी', लाइव इंडिया द्वारा प्रसारित 'क्या बात है', लाइव इंडिया द्वारा 'खबरदार खबरें', सब टी.वी. प्रसारित 'वाह वाह क्या बात है'।

पुरस्कार एवं सम्मान : अनेको सरकारी व गैर-सरकारी संस्थाओं द्वारा सम्मानित व पुरस्कृत होने के साथ-साथ भारत के महामहिम राष्ट्रपति डॉ. शंकर दयाल शर्मा द्वारा सम्मानित।

सम्पर्क : जी-6/21, सेक्टर-11, रोहिणी, दिल्ली-85,
मो. : 9810567146

ई-मेल : ashokksharma@hpcl.co.in

गोलगप्पे

एक दिन हमने
खाने के लिए गोलगप्पे,
छान मारे दिल्ली के चप्पे-चप्पे।
तब कहीं जाकर
गोलगप्पों के स्वाद लिए,
साथ में कई अनुभव भी प्राप्त किये।

एक व्यक्ति
अपनी पत्नी का हाथ
अपने हाथ में बाँधे चल रहा था,
बाजार वालों को खल रहा था।
हमने पूछा—भैया,
आपने इसका हाथ
अपने हाथ में क्यों बाँधा है
जबकि यह
पागल तो दिखाई नहीं देती है,
वह बोला—क्या बताएँ भाई साहब,
जहाँ भी गोलगप्पे देखती है
दौड़ लेती है।

एक महिला
जो काफी समय से
गोलगप्पे खा रही थी,
दूसरी

उसका हाथ पकड़कर हटा रही थी
और कितना खाएगी
क्या इसका
खोंमचा ही निपटाएगी।
अगर तुझे खाने का
इतना ही शौक है
तो इससे शादी क्यों नहीं कर लेती—बहना,
यह दिनभर बनाता रहेगा
और तू खाती रहना।

एक नवयौवना
गोलगप्पे खाने में भी अदाएँ
दिखा रही थी,
अपने प्रेमी के हाथ से
एक-एक गोलगप्पा खा रही थी।
हमने कहा—बहना,
बाकी के कल खा लेना
यह गोलगप्पे वाले की स्थायी दुकान है
यह यहाँ से कहीं नहीं हिलेगा,
वह बोली—भाई साब,
यह तो ठीक है कि यह
यहाँ से नहीं हिलेगा,
पर ऐसा खिलाने वाला भी
रोज-रोज थोड़े ही मिलेगा।

वहीं खड़े दो जुआरी
आपस में
उँगलियों पर उँगलियाँ चिन रहे थे,
अपनी-अपनी पत्नियों के
गोलगप्पे गिन रहे थे।
उनमें से अब
किसी को नहीं हो रही थी देरी,

दोनों शर्त लगाये बैठे थे
देखें कौन ज्यादा खाती है, तेरी या मेरी।

एक नयी नवेली दुल्हन
गोलगप्पों के इन्तजार में खड़ी थी,
समस्या बहुत बड़ी थी,
हमने कहा—बेटा,
हम कुछ 'हेल्प' करें।
वह बोली—'नहीं अंकल,
जिसके लिए यह 'करवा-चौथ' रखा है
गोलगप्पे भी वो ही लाकर देगा,
वरना अगली बार व्रत रखवा लेगा।
बच्चू को ऐसा मजा चखाऊँगी,
सुबह उठते ही गोलगप्पे खा लूँगी'।

तभी एक रेले में
एक सज्जन ऐसे घिरे,
कि वे और गोलगप्पे
दोनों जमीन पर गिरे।
उनकी पत्नी ने,
झट से गोलगप्पे पकड़े
और सज्जन गिर पड़े
जमीन से उठने के बाद
उन्होंने अपनी पत्नी से कहा—डीयर,
तुम चाहती तो मुझे बचा सकती थीं।
इस पर उनकी पत्नी ने
सिर्फ एक ही बात कही,
कि जमीन पर गिरने के बाद
तुम तो मेरे काम आ सकते हो
मगर ये गोलगप्पे नहीं।

एक कवि सम्मेलन के आयोजक

जो मेरी कविता सुनने में लीन थे,
गोलगप्पों के बड़े शौकीन थे।
कविता सुनने के बाद बोले–'बेटे,
तुझे चार हजार देने से तो अच्छा था
चालीस के गोलगप्पे ही खा लेते।
कम से कम पेट तो भरता,
पर तेरी कविता ने क्या दिया
बता...।'

अन्त में एक मारवाड़ी सेठ
हमसे बोला–क्यूँ रे,
क्या तू यों ही कविता सुनाने के वास्ते
कवि सम्मेलनों में
सारी सारी रातें जागे है,
फिर तू
इन गोलगप्पे वालों का ही
प्रचार-प्रसार क्यूँ करे है
कैंया तू इनका भाई तो नहीं लागै है।

बुफे की दावत

आप मानें या न मानें
पर हमारे लिए सबसे बड़ी आफत,
बुफे की दावत।

एक दिन जाना पड़ा बारात में
बीवी बच्चे थे साथ में
सभी के सभी
बाहर से शो-पीस
अन्दर से रूखे थे,
मगर क्या करें भाई साहब,
सुबह से भूखे थे।

जैसे ही खाने का
सन्देशा आया हाल में,
भगदड़ सी मच गयी पंडाल में।
एक के ऊपर एक बरसने लगे,
जिसने झपट लिया सो झपट लिया
बाकी के खड़े तरसने लगे।

एक व्यक्ति
हाथ में प्लेट लिए
इधर से उधर चक्कर लगा रहा था,
खाना लेना तो दूर
उसे देख भी नहीं पा रहा था।

दूसरा,
अपनी प्लेट में
चावल की तश्तरी झाड़ लाया था,
उससे कहीं ज्यादा तो
अपना कुर्ता फाड़ लाया था।

तीसरी,
एक महिला थी
जो ताड़ के वृक्ष की तरह तनी थी,
उसकी आधी साड़ी
पनीर की सब्जी में सनी थी।
उसे बार-बार धो रही थी,
पड़ोसन की पहनकर आयी थी
इसलिए रो रही थी।

चौथा
बेचारा गरीब था, लाचार था
इसलिए कपड़े उतार कर
पहले से ही तैयार था।

पाँचवाँ,
अकेले ही सारे झटके झेल रहा था,
भीड़ में घुसने से पहले
डण्ड पेल रहा था।

छठा,
काल्पनिक खाना खा रहा था,
प्लेट तो दूसरे की देख रहा था
मुँह अपना चला रहा था।

सातवाँ,
सातवे का मालिक ही रब था,
प्लेट तो उसके हाथ में थी
मगर हलवा गायब था।

आठवाँ,
इन हरकतों से बहुत परेशान था,
इसलिए बीवी-बच्चों से ज्यादा
उसका प्लेट पर ध्यान था।

नौवाँ,
अजीब हरकतें कर रहा था,
खाना खाने की बजाय
अपनी जेबों में भर रहा था।

दसवाँ,
पड़ोसी था
जो ज्यादा ही फुर्ती दिखा रहा था,
अपने बच्चों के हाथों में प्लेटें दे देकर
घर को भगा रहा था।

ग्यारहवाँ,
एक वेटर था
जो कच्छे-बनियान में बँधा हुआ
चिल्ला रहा था,
क्योंकि उसके कपड़े पहनकर
एक घराती
वेटरों में बैठा खाना खा रहा था।

बारहवाँ,
स्वयं लड़की वाला था
जिसके प्राण कंठ में अड़े थे,
घराती तो सारे जीम रहे थे
और बराती बेचारे सड़कों पर खड़े थे।

अन्त में
देखते हुए यह हालत,
हमने पत्नी से कहा—डीयर,
लौट चलें सही-सलामत।
सुनते ही पत्नी बिगड़ गयी,
पता नहीं,
किस बेवकूफ के पल्ले पड़ गयी।
इससे अच्छा तो
किसी हटटे-कट्टे से शादी रचाती,
कम से कम भूखी तो न मारी जाती।
पर इससे शादी रचाकर
आजतक अपने मन को कचोट रही हूँ,
जिन्दगी में पहली बार
किसी दावत से भूखी लौट रही हूँ।

'सब्जी मंडी में डाक्टर की दुकान'

एक बात नहीं समझ में आयी श्रीमान,

सब्जी मंडी,
और उसमें डाक्टर की दुकान।

सब्जी की दुकान पर इक्का-दुक्का,
और डाक्टर की दुकान पर भीड़ भड़क्का।

हमने डाक्टर से पूछा–
इसका कारण बताएँगे,
वह बोला–आइए, विस्तार से समझायेंगे।

यह पहला मरीज
अपने आप ही मौत से जूझ लिया था,
राह चलते-चलते
भिण्डी का भाव पूछ लिया था।
भाव सुनते ही भुन्न हो गया,
इसका आधा हिस्सा सुन्न हो गया।

और इसने सब्जी मंडी में आकर
अपनी जान को आफत लगाई है,
सब्जियों के भाव से ज्यादा
अब इसका ब्लड-प्रेशर हाई है।

यह जन्मजात लोभी,
स्वाद-स्वाद में,
खा गया आधा किलो गोभी।
अब चालीस रुपये का भाव सुनकर
सुबक रहा है,
आधा किलो गोभी, सुबह से हुबक रहा है।

यह सौ रुपये की सब्जी
अंटी में छुपाकर ले जा रहा था,
जेब कतरों ने ऐसा भाँपा

ऐसा भाँपा
कि अंटी ही साफ कर दी,
कसकर पकड़े था
इसलिए, एक उँगली भी हाफ कर दी।

यह सरकारी बाबू,
सब्जी मंडी में भी
अपनी दादागिरी दिखा रहा था,
जब माँगने पर धनिया नहीं मिला
तो जबरन उठा रहा था।
कुछ दुकानदारों ने मिलकर
इसे, कपड़े की तरह निचोड़ दिया,
जिस हाथ से धनिया उठाया था
वह हाथ ही तोड़ दिया।

यह मोटी महिला
कल जब, सब्जी वालों की गैल गयी,
तो कटहल का भाव सुनकर
मटर के दानों की तरह फैल गयी।
इसका शारीरिक सन्तुलन ही बिगड़ गया,
मिरगी का भयंकर दौरा पड़ गया।
जब चमड़ा भी किसी काम न आया,
तो लोगों ने इसे
लहसुन सुँघाया।
और ये भी कम्बख्त फैंटी,
लहसुन सूँघते ही उठ बैठी।

यह सब्जीवाला
आज सुबह ही मेरे पास आया है,
साथ में अपने नौकर को भी लाया है।
कहता है कि इसने मेरा
सौ ग्राम हरा चना

और एक टमाटर खा लिया है
आप इसकी इण्डोस्कोपी कीजिए
और इसके पेट में
यन्त्र डालकर बताइए
कि इसके पेट में
और क्या-क्या है।

यह जो बोरा खड़ा है,
इसमें
मलेरिया का मरीज पड़ा है।
यह सर्दी से कम
सब्जियाँ देख-देखकर
ज्यादा काँप रहा है,
भागकर आया था
इसलिए अभी तक हाँफ रहा है।

यह हार्ट का मरीज
तीन 'हार्ट-अटैक' के बाद भी
जिन्दा है,
भगवान की देन है,
फिर भी कम्बख्त
प्याज का भाव सुनने को बेचैन है।

और वो पागल
जिसके हाथ में दुनाली है,
उसके बेटे से किसी ने
सात सौ रुपये की
सब्जी छुड़ा ली है।
तब से वह
बन्दूक लिए घूम रहा है,
जिसने छुड़ाई है
उसे ढूँढ़ रहा है।

अन्त में डाक्टर बोला–
पता नहीं इस दुनिया में
कैसे-कैसे लोग हैं
जो जरा-सी महँगाई भी
सहन नहीं कर पाते हैं,
और मरने के लिए
सब्जी मंडी में चले आते हैं।
यदि इनका यहाँ आना
इतना ही जरूरी है,
तो सब्जी मंडी के बीचोंबीच
एक डाक्टर की दुकान खोलना
हमारी लाचारी है
हमारी मजबूरी है।

हिन्दी अधिकारी

कहने को हम भी बड़े होनहार थे,
हिन्दी में सबसे ज्यादा होशियार थे।

हमारे हिन्दी ज्ञान को देखते हुए
एक दिन हमारे अधिकारी ने
हमें अपने कक्ष में बुलाया
और दोनों हाथ जोड़ते हुए कहा–प्रभो
आप हिन्दी अधिकारी क्यों नहीं बन जाते
क्या आपने अपनी क्षमताओं को
संज्ञान में नहीं लिया है।
हमने कहा–लिया है,
पर इस तरह हाथ जोड़कर हमसे
किसी बड़े अधिकारी ने
निवेदन ही नहीं किया है।
(उन्होंने तुरन्त हाथ पीछे किये और बोले–)

दिस इज माई ऑर्डर (यह मेरा आदेश है)
आप, सोमवार को अपना रिटिन टेस्ट दीजिए
और शनिवार को
पदोन्नति पत्र लीजिए।

खैर साब
सोमवार को दफ्तर गये तो सामने
हिन्दी का प्रश्न-पत्र था,
हमारे लिए विचित्र था।
प्रश्न था—टिप्पणी किसे कहते हैं
हिन्दी में जवाब दीजिए
हमने लिखा—जब किसी होटल की
महिला कर्मी
टिप लेने पर अड़ जाये तो हम उसे
टिप पे अड़ी, अर्थात
टिप्पणी कहते हैं।
(क्यों साब, हमने सही लिखा...)

दूसरा प्रश्न था—
माला, स्त्रीलिंग है या पुल्लिग।
हमने लिखा—माला
अगर स्त्री के गले में डले तो स्त्रीलिंग
और अगर पुरुष के गले में डले
तो पुल्लिग होती है।

तीसरा प्रश्न था—
ऑपरेशन ऑफिसर किसे कहते हैं।
हमने लिखा—जो ऑफिसर,
अपने अधीनस्थ कर्मचारियों के
हर बेनीफिट (फायदे) में
काट-पीट करे अर्थात् चीर-फाड़ करे

उसे हम ऑपरेशन ऑफिसर कहते हैं।

चौथा प्रश्न था–
ड्राइवर किसे कहते हैं
हमने लिखा–जो दूल्हा
अपनी शादी के रोज भी बिना पिये ड्राई रहे
उसे हम ड्राई वर कहते हैं।

पाँचवाँ प्रश्न था–'ए मिस अंडरस्टैंडिंग'
इसका हिन्दी अनुवाद कीजिए
हमने किया–ए माने एक
मिस माने क्वारी कन्या
अंडरस्टैंडिंग–नीचे खड़ी है।
यानी–एक क्वारी कन्या नीचे खड़ी है
छठा प्रश्न था–प्राधिकरण का
विलोम शब्द लिखिए।
हमने लिखा–जहाँ तक
हमें स्मरण होता है,
प्राधिकरण का उल्टा/विलोम
अपराधिकरण होता है।

सातवाँ और अन्तिम प्रश्न था–WE वी
WE के साथ इज लगता है या आर
हमने लिखा–इज
उदाहरण देकर बताइए।
हमने लिखा–WE वी
वी इज ए प्रोनाउन।
वी के साथ इज लगा या आर
(क्यों साब, हमने सही लिखा–)

खैर साब, पेपर देने के बाद

हम हिन्दी-अधिकारी के सपनों में खो गये,
और बुरी तरह से फेल हो गये।
लेकिन क्या करें साब,
यह हमारी मजबूरी है
हमारे लिए अपनी पदोन्नति से ज्यादा
आपको हँसाना जरूरी है
इसलिए, आप हमारे
पद और पदोन्नति पर मत जाइए।
कविता खत्म हुई, ताली बजाइए।।

आनन्द गौतम

जन्मतिथि : 05 सितम्बर 1958

जन्मस्थान : ग्राम सेदरिया, पोस्ट-महरारा, तहसील-सादाबाद, जिला—हाथरस (उ.प्र.)

पिता का नाम : स्व. श्री राज बहादुर गौतम

माताश्री का नाम : स्व. श्रीमती शान्ति गौतम

शिक्षा : बी.एससी., एम.ए.(इतिहास)

सम्प्रति : तकनीकी अधिकारी भा.प.—चि.अ. संस्थान, इज्जतनगर, बरेली (उ.प्र.)

प्रकाशन : 'आनन्द आ गया' हास्य-व्यंग्य कविताओं का संग्रह, रवि पब्लिकेशन्स, मेरठ द्वारा प्रकाशित। एकल काव्य-पत्र 'संकेत' के तीन अंकों में रचनाएँ प्रकाशित। एकल काव्य-पत्र 'हस्ताक्षर-1' में रचनाएँ प्रकाशित। 'होली का हुड़दंग' का सम्पादन। महत्त्वपूर्ण पत्र-पत्रिकाओं, स्मारिकाओं एवं संकलनों में रचनाएँ प्रकाशित।

प्रसारण : दूरदर्शन व आकाशवाणी से काव्यपाठ।

राष्ट्रीय अपराध

श्रीमती जी मायके गयीं थीं
झाड़ू, पोंछा व बरतन साफ
करने का काम
कुशल गृहिणी के समान
मैंने निपटाया
इतने में, किसी ने
बड़ा जोर से दरवाजा खटखटाया
खोला तो देखा
बजरंगी लाल पान वाला खड़ा था
अपनी जगह अड़ा था
और बोला—
आत्महत्या करने जा रहा हूँ
सरकार फाँसी चढ़ाने से पहले
अन्तिम इच्छा पूछती है
लेकिन मैं आपको अपनी आखिरी ख्वाहिश
बताने जा रहा हूँ
आत्मदाह से पहले
एक गिलास ताजा शुद्ध पानी पिलाओ
मैंने कहा—
माई डियर बजरंगी लाल
कैसे आदमी हो
कर रहे हो कमाल
ताजा और शुद्ध पानी पीना है
तो कहीं और जाओ

देशी अथवा अंग्रेजी पीनी है तो
शाम तो किसी चौराहे पर मिल जाओ
बजरंगी बोला
दारू तो तू पिला देगा
इसमें कोई शक नहीं
ये स्वागत तो अब आम है
लेकिन आज के समय में
ताजा और शुद्ध पानी मिलना
सबसे कठिन काम है
पानी पिलाना है तो पिलाओ
मुझे मत बरगलाओ
मेरे दिमाग से
जरूरी संकल्प फिसला जा रहा है
मेरी आत्महत्या का समय निकला जा रहा है
मैंने कहा—
माई डियर बजरंगी लाल
नींद से जागो
आत्महत्या का विचार त्यागो
कुछ ऐसा करो कि
तुमसे ऐसा काम हो जाये
और दिल्ली तक
तुम्हारा नाम हो जाये
बम दागो
फिरौती माँगो
देश को बाँटने का विचार पालो
उसे बन्दूक की नोक पर निकालो
देश से गद्दारी करो
आतंकवादियों से यारी करो
जब तुम ऐसे रास्तों पर बढ़ जाओगे
तब हमारे
आकाओं की नजरों में चढ़ जाओगे
फिर तुम्हें फाँसी होकर भी

फाँसी नहीं लगेगी
तुम्हार हर गुनाह माफ कर दिया जायेगा
तुम्हार हर रास्ता और
गुनाहों का पन्ना साफ कर दिया जायेगा
ऐसा मित्र इसलिए कि
इस देश में सही ढंग से
जीने वालों के लिए
कोई राह नहीं है
और
राष्ट्रीय अपराध करना कोई
गुनाह नहीं है।

भ्रष्टाचार : विविध प्रकार

अन्ना हजारे
भ्रष्टाचार के विरुद्ध बिगुल बजाया
हजारे का साथ दिया हजारों ने
बाबा रामदेव भी कूद पड़े कतारों में
रामलीला ग्राउंड पर
अनशन पर बैठे
पुलिस ने बरसाईं जब लाठियाँ
महिलाओं ने
चारों ओर से बाबा को घेर लिया
और बोलीं–
हजारों का चक्कर छोड़ो
हम में से किसी एक से नाता जोड़ो
गेरुवे वस्त्र त्यागो
और जान बचानी है तो
सलवार, कुरती पहिन कर भागो
बाबा ने सोचा
जान है तो जहान है
मेरे सिखाये सब योगासनों से

पुलिसिया योगासन
डण्डासन सबसे महान है
डण्डासन से बचने के लिए
बाबा ने सलवार कुरती पहिनी
ऊपर से ओढ़ा दुपट्टा
पहिनावे को देख
धोखा खा
पीछे पड़ गया
एक नौजवान हट्टा-कट्टा
पास आकर बोला
ओ! दुपट्टे वाली
जरा दुपट्टा तो हटा
अपना नाम तो बता
तेरी स्लिम बॉडी
और लचक पर
मैं तो मर-मिटा
यह सब देख सुन
बाबा ऊपर वाले को याद करने लगे
फरियाद करने लगे
हे! ऊपर वाले
तूने अपुन की किस्मत कैसी गढ़ी है
बड़ी मुश्किल से
पुलिस से जान बची
अब इज्जत भी खतरे में पड़ी है
एक तरफ खाई
दूसरी तरफ कुआँ
कहाँ से आ मरा
इतनी रात में
ये मुआ
नौजवान बोला
इतनी रात में
अकेली हसीना

क्या करता
बेचारा इश्क कमीना
नौजवान की इन हरकतों ने
बाबा को अन्दर तक झकझोर दिया
लेकिन उनके भीतर की सोच को
एक नया मोड़ दिया
बाबा ने सोचा
मैंने केवल
आर्थिक भ्रष्टाचार दूर करने की सोची
लेकिन आज हमारे देश में
कहीं शाब्दिक भ्रष्टाचार है
कहीं शारीरिक भ्रष्टाचार है
कहीं शैक्षणिक भ्रष्टाचार है
कहीं मानसिक भ्रष्टाचार है
कहीं धार्मिक भ्रष्टाचार है
कहीं आध्यात्मिक भ्रष्टाचार है
इन सब के ऊपर
राजनीतिक भ्रष्टाचार है
हमको हर प्रकार के
भ्रष्टाचार से लड़ना होगा
और फिर से
सोने वाली चिड़िया वाला भारत गढ़ना होगा
इन भ्रष्टाचारों से लड़ने के लिए
नेकी की राह पर
निष्ठा की राह पर
सच्चाई की राह पर
समर्पण की राह पर
हमको चलना होगा
तुमको चलना होगा
इनको चलना होगा
उनको चलना होगा
सबको चलना होगा

और
पहुँचना होगा
उन्नति की उन गगन चुम्बी चोटियों पर
जहाँ से भारतीय संस्कृति और
सभ्यता के प्रतिमानों का
एक नया आसमान शुरू हो
और
भारत फिर से विश्व गुरु हो।

सपने में बजरंगी लाल

मैंने सपना देखा कि
कचहरी में पड़े एक तख्त पर
वकीलों की वेश-भूषा में
बजरंगी लाल पान वाले का शरीर
बुरी तरह निढाल हो गया है
और खर्राटे लेते-लेते
वह बेहाल सो गया है
मैं बोला—
तुमने क्यों अपने विचारों की तान तोड़ी
अच्छी खासी चलती हुई पान की दुकान छोड़ी
मेरी बात उसे भायी
अथवा नहीं भायी
लेकिन बजरंगी लाल ने नहीं ली
तनिक भी अँगड़ाई
फिर मैंने उसके खुले मुँह में
आती-जाती मक्खियों को भगाया
और
मुवक्किल आया! मुवक्किल आया! मुवक्किल आया!
का शोर मचाया
शोर सुनकर बजरंगी लाल जगा और बोला
कहाँ है? कहाँ है? कहाँ है?

मैंने कहा—कौन?
और खड़ा हो गया चुपचाप
वह बोला—कहाँ है मुवक्किल
और नहीं तो तुम्हारा बाप
मैंने कहा—सॉरी यार
तुम जाग जाओ इसलिए झूठ बोला
वह बोला—
अपुन तो सुबह से बैठा-बैठा
हिम्मत हार रहा था
जब कोई मुवक्किल फँसा नहीं
मक्खी मार रहा था
मैंने कहा कितनी मारी
वह मुँह बिगाड़ कर बोला
तुम्हारी पालतू थी, वफादार थी
या रिश्तेदार थी
मैंने कहा—
अगर तीस मक्खियाँ मार लिया होता
बजरंगी लाल तीस मार खाँ
एडवोकेट हो गया होता
वह बोला—तब तो मुवक्किल पर मुवक्किल आते
सच्चे-झूठे, राजा-रंक, कुछ किस्मत के मारे
लुच्चे, लफंगे, चोर कुछ होते हत्यारे
केसों का श्रीगणेश होता
यह बात अलग है
हार होने पर
दोनों हाथों से केश नोचता
मैंने कहा—किसके
मुवक्किल अपने या तुम्हारे
वाह रे! बजरंगी लाल, वाह रे!
वह बोला—
मेरा मजाक उड़ाते हो
कवि हो

इसीलिए नहीं बाज आते हो
तुम्हें क्या मालूम
कानून चलाने वाले कैसे हैं
गौतम जी!
हम जो जैसे हैं वैसे हैं
इतना जान लो
मान सको तो मान लो
कानून के सहारे
मुकदमा लड़ने जो भी आते हैं
उसी वकील के पास ही जाते हैं
जो कानून की
सबसे अधिक धज्जियाँ उड़ाता है
और गैर कानूनी ढंग से केस जीत जाता है
अरे गौतम जी
तुम क्या जानो दर्द
उस गीता और कुरान का
राम और रहमान का
जिस पर हाथ रख कर
सच बोलने की
रोज हजारों कसमें खाई जाती हैं
लेकिन खुले आम झूठ बोल कर
उनकी गरिमा और अस्मिता की चिताएँ जलाई जाती हैं
उनके नाम पर
सत्य बोलने का संकल्प धरा जाता है
और हर दिन
उनकी पावनता और शुचिता को बेरहमी से
बेमौत मारा जाता है
अरे गौतम जी जाइये! जाइये!
हो सके तो इस पर कविता लिखियेगा
औरों से अलग दिखियेगा
आदमी तो आदमी
पवित्र ग्रन्थों की अवमानना और उनकी हत्या के दोषी

लोगों पर भी बात हो
कम से कम कलम के सिपाही का समर्थन
इनके साथ हो
अन्ततः मैं बोला–
जियो! जियो रे! बजरंगी लाल
वाह! वाह!
मैं तुम्हें और
तुम्हारी भावनाओं को प्रणाम करता हूँ
चार पंक्तियाँ तुम्हारे नाम करता हूँ
यदा यदा हि धर्मस्य ग्लानिर्भवति भारत,
अभ्युत्थानं धर्मस्य तदात्मानं सृजाम्यहं।
परित्राणाय साधूनां विनाशाय च दुष्कृताम,
धर्म संस्थापनार्थाय सम्भवामि युगे युगे ॥

बजरंगी लाल आर.टी.ओ. में

बजरंगी लाल ने जीवन में
पहली बार वाहन खरीदा
लाइसेंस बनवाने आर.टी.ओ. ऑफिस पधारा
वहाँ का दृश्य अजीबो-गरीब था
ईमानदारों के लिए ईसा का सलीब था
इन्क्वारी विंडो तो थी ही नहीं
एक बाबू से सवाल रखा
बाबू ने पान की पीक
दीवार पर दे मारी
जिसका स्वाद बजरंगी के
कलफ़ लगे पायजामे ने भी चखा
बजरंगी मन ही मन उबला
लेकिन नया मुर्गा फँसा
यह सोच बाबू का दिल बल्लियों उछला
बजरंगी बोला–
सरकारी कार्यालयों में

इस तरह धूम्रपान करना
अथवा पीक थूकना अपराध है
बाबू बोला—
मेरे थूकने पर आपत्ति जता रहा है
अरे उल्लू!
बड़े बाबू को देख
दारू में टुन्न हैं
अच्छे-अच्छे को बाहर का रास्ता बता रहा है
तू है कौन
बजरंगी मौन
बुनने लगा ताना-बाना
आर.टी. ओ. ऑफिस है
या पुलिस थाना
जाने क्या सोच वहाँ से निकलने लगा
तो देखा
यहाँ-वहाँ, जहाँ-तहाँ
लोग पी रहे हैं, खा रहे हैं
मेज के नीचे से तो सभी नोट गिनते हैं
लेकिन वहाँ खुलेआम नोट गिने जा रहे हैं
बजरंगी ने पूछा—
भाई साहब—क्या यह कागजों की फीस है
बाबू बोला—तू आदमी है या खबीस है
कहाँ से चला आया है
जानता नहीं यह सब माया है
आजकल माया का चक्कर
हर जगह दिखता है
सीधी सी बात है
यह सुविधा शुल्क है
इसकी गिरफ्त में पूरा मुल्क है
भले ही तुम इसे घूस कहो या फीस
ये किसी को नहीं खलने वाला
और यहाँ इस चीज के बिना

तुम्हारा कोई काम नहीं चलने वाला
बजरंगी की बुद्धि चकराने लगी
पर बात समझ में आने लगी
बाबू क्या चाहता है
यदि काम बनवाना है
तो बाबू को चढ़ावा हर हाल में चढ़ाना है
आखिरकार उसने (बजरंगी) साफ-साफ पूछ ही लिया
भाई साहब! मेरा भी काम अटका है
कोई नुस्खा बतायेंगे,
मेरी नैया पार लगायेंगे
बाबू बोला–जब तक दान दक्षिणा नहीं दोगे
यही होता रहेगा
कभी कोई फाइल गुम हो जाएगी
कभी कोई कागज खोता रहेगा
खोटे ग्रह जपुदान करो
दुष्ट ग्रह हो सज्जन जायेगा
तुम्हारा काम बन जायेगा
बजरंगी बोला–साहब! चाय-पानी बतायें
बाबू बोला–जरा! मेरे नजदीक आयें
अब कोई चिन्ता नहीं करें
चाय-पानी मुझे या बाहर बैठे कल्लू मियाँ को दे जायें
और दो घण्टे बाद लाइसेंस ले जायें।

बजरंगी लाल का नया साल

नया साल आते ही
शुरू हो जाता है
एस.एम.एस. द्वारा
बधाई देने का सिलसिला
पता नहीं आपको मिला
या नहीं मिला
अपुन के पास कुछ अजीबो-गरीब

सन्देश आये
पढ़कर हम चकराये

एक डाक्टर मित्र ने फरमाया
नये साल में खाँसी जुकाम नहीं
भयानक निमूनिया हो जाये
रक्त की कमी हो
एनीमिया हो जाये
हारी-बीमारी, महामारी हो
मरीज जिये अथवा मरे
अपुन की जेब भरे
ओम जय जगदीश हरे

एक पुलिस वाले का मैसेज आया
नये साल में चोरी हो या डकैती हो
जेब कटी हो चाहे फिरौती हो
झगड़ा हो या फसाद हो
मामला चाहे जो हो
अपुन की जेब भरे
नोट मिलें खरे-खरे
ओम जय जगदीश हरे

एक वकील साहब ने मैसेज भेजा
नये साल में भाई-चारा भाड़ में जाये
मुजरिम तख्त की आड़ में आये
मुकदमा जीते चाहे हारे
नोट मिल जायें खरे-खरे
ओम जय जगदीश हरे

एक नेता जी ने सन्देश भेजा
आगामी चुनाव में
किसी को बहुमत न मिले

अपुन एक वोट से भी जीत कर
राजपथ पर घूमें खिले-खिले
विरोधी चारों ओर चक्कर काटे
भर-भर पेटी बाँटे
पेटी में हों नोट खरे-खरे
ओम जय जगदीश हरे

अन्त में
परम प्रिय मित्र बजरंगी लाल का मैसेज सुनिए
गुन सकें तो गुनिये
आधी सदी के बाद
आज भी
जहाँ मातृ शक्ति का अपना दर्द है
आहें हैं
पीड़ितों की चीखें हैं
कराहें हैं
जहाँ जन्म से पहले
कन्या की साँस घुट जाती है
जहाँ दिन दहाड़े बहिन-बेटियों की
इज्जत लुट जाती है
सड़कों पर बेटियों के दर्द का सैलाब है
चिड़ियों की खून से लथपथ उड़ान है
रो रही धरती उदास आसमान है
जहाँ संस्कृति का शील हरण हो रहा हो
मानव मूल्यों का क्षरण हो रहा हो
लेकिन जननायकों का ज़मीर सो रहा है
वहाँ देश के उदीयमान भविष्य
पल्लवित होने से पहले ही मुरझा रहे हैं
आप कहते हैं कि
नया साल मना रहे हैं
अब भी समय है
अच्छा हो!

हम सब मिल कर
इन विसंगतियों के अन्त की पहल करें
इस दिशाहीन दिशा की दिशा का
रुख मोड़ दें
और भारत के इतिहास में
एक सुनहरा पृष्ठ जोड़ दें
तभी हर देशवासी के होठों पर
सच्ची हँसी होगी
हर व्यक्ति खुशहाल होगा
और सच्चे मायने में
मेरा, आपका और आपका
मुबारक नया साल होगा
जय हिन्द जय भारत

इन्द्र प्रसाद 'अकेला'

जन्मतिथि : 10 जुलाई 1963

पिता-माता : स्व. श्री फतेहसिंह एवं श्रीमती विद्यावती

जन्मस्थान : गाँव ढिंढार, मुरादनगर क्षेत्र, तहसील मोदीनगर, जिला गाजियाबाद (उ.प्र.) भारत।

सम्प्रति : साहित्य, समाज व राष्ट्र-सेवा।

शिक्षा : एम.ए., एम.एड.।

कर्मस्थली : भारत सरकार रक्षा-मन्त्रालय, आयुध निर्माणी मुरादनगर, जिला गाजियाबाद, उ.प्र. (भारत) में सेवाकार्य।

उपलब्धियाँ : कक्षा पाँच की पाठ्यपुस्तक 'नीरांजना' में, 'सर्दी का मौसम' कविता, एन.सी.ई.आर.टी. लेवल पर आधारित पाठ्यक्रम में 2004 से शामिल। 50 से अधिक काव्य-कृतियों की भूमिका व समीक्षा। आकाशवाणी, दूरदर्शन, एनडीटीवी इंडिया, सब टी.वी., साधना टी.वी., जैन टी.वी. और ई.टी. वी. आदि से काव्य-पाठ।

सम्मान : देश के अनेक मंचों से अखिल भारतीय कवि-सम्मेलनों में सम्मानित, साहित्य-मनीषी, काव्यश्री, हास्य-व्यंग्य सम्राट, भारतीय रत्न, डॉक्ट्रेट, साहित्य-सम्राट और हास्य-व्यंग्य बाण सम्मान से विभूषित।

काव्य-कृतियाँ : एक पहेली भारत माँ, हुंकार, हँसी के रंग, अकेला के संग, हास्य-व्यंग्य फुलझड़ियाँ, गंगा माँ की पुकार आदि प्रकाशित।

सम्पर्क : काव्यांजलि, 19/397, डिफेंस कॉलोनी, रेलवे रोड, स्टेट बैंक के पास, मुरादनगर, जिला गाजियाबाद, उ.प्र. (भारत)

मोबाइल : 9457671705, 9897332021

ई-मेल : indraprasadakela@gmail.com

कुत्तों से सावधान

एक नेताजी भगवान को प्यारे हो गये,
चिर निद्रा में सो गये।
चित्रगुप्त ने खाते खोले,
धर्मराज से यूँ बोले।
इनके भाग्य में कोई भी पुण्य कर्म नहीं है।
अच्छा काम जीवन में किया नहीं है।
इतना सुनते ही नेताजी की आत्मा बिगड़ गयी
धर्मराज से लड़ गयी
मैं यहाँ भी चुनाव कराऊँगा
हड़ताल कराऊँगा
तेरी कुर्सी पर अधिकार जमाऊँगा।
यह सुनकर धर्मराज को गुस्सा आया
उसने यमदूतों को बुलाया और फरमाया।
इस दुष्ट को पृथ्वीलोक पर ले जाओ
वहीं छोड़कर आओ।
जैसे ही यमदूत नेताजी की आत्मा को
पृथ्वीलोक पर लेकर आया
नेताजी की चिता को जलते पाया
पास में लेटा था मरियल सा कुत्ता
नेताजी की आत्मा कुत्ते में प्रवेश कर गयी
दुम हिलाते नेताजी के घर गयी
सबके तलवे चाटे सबके दुःख दर्द बाँटे...
आजकल वह कुत्ता
मोहल्ले के कुत्तों का है पंच प्रधान

घर के बाहर लिखवा दिया गया है
कुत्तों से सावधान।

नेताजी का श्राद्ध

नेताजी की मृत्यु के
ठीक एक वर्ष बाद
नेताजी के चमचों ने किया,
नेताजी को याद...
नेताजी के श्राद्ध की तैयारी कराई गयी।
पूरे नगर से चन्दे की रकम उगाही गयी।
आधी जेब में आधी नेताजी के घर में भिजवाई गयी।
ठीक श्राद्ध वाले दिन, सबसे पहले
ब्राह्मणों को भोजन कराया गया
फिर कौवों की बारी आयी
एक थाली में, तौरीया के सोलह पत्तों पर,
खीर पूरी के छोटे-छोटे टुकड़े रखकर
एक थाली में सजाकर
एक थाली छत के ऊपर भिजवाई
देखिए भाई साहब, उस दिन कमाल हो गया
कौवों ने वह खीर नहीं खाई
शाम को कागराज ने बैठक बुलाई
सभी कौवों को यह बात बताई,
देखो हम भी भारतीय सभ्यता
और संस्कृति का पालन कर रहे हैं
जैसा खाये अन्न, वैसा होगा मन
इसलिए हमें इस भ्रष्ट नेता का
श्राद्ध नहीं खाना है
अपनी कौम को कलंकित होने से बचाना है।

आयकर गोलमाल

आयकर अधिकारियों ने
एक बड़े व्यापारी के यहाँ छापा मारा।
उसके गोरख धन्धों का भेद खुल गया सारा,
आयकर अधिकारी बोला
हे दीनानाथ...
अपने खातों में जो खर्च दर्शाया है,
वह हमारी समझ में नहीं आया है
आप ही बताइये
इतने सारे जानवर
आपकी कम्पनी में क्या करते हैं,
आप इनका पेट कैसे भरते हैं
व्यापारी बोला...
हुजूर ये सभी यहाँ नौकरी करते हैं
इतनी महँगाई में बड़ी मुश्किल से
अपना पेट हम भरते हैं
जब मन्त्री जी आते हैं
लाखों खर्च हो जाते हैं
अपने बही-खों में, उन्हें भी हम हाथी दर्शाते हैं।
उनके साथ जो चमचे आते हैं
उन्हें हम ऊँटों की श्रेणी में दर्शाते हैं
उनके साथ जो दुम छल्ले आते हैं
उन्हें हम खच्चरों की श्रेणी में दर्शाते हैं।
उनके साथ
जो किराये के टट्टू आते हैं
उन्हें हम कुत्तों की श्रेणी में दिखाते हैं।
इस तरह हम अपनी कम्पनी चलाते हैं
सदा आयकर बचाते हैं।
फिर भी आप
हमारी कम्पनी पर छापे मारते हैं
इन बड़े-बड़ों के सहारे ही

हम अपनी नैया पार उतारते हैं
कुछ उनको, कुछ आपको खिलाते हैं
जो भी बचता है
उसे हम देश सेवा में लगाते हैं।

गंगू तेली

एक दिन हम बाजार जा रहे थे
उधर से गंगू तेली आ रहे थे।
हमने पूछा उनका हाल, किया सवाल
बताओ गंगू तेली जी
आप कैसे हो गये मालामाल
हे गंगू तेली जी
कल तक आप बड़ी मुश्किल से
तेल बेचकर गुजारा करते थे
फिर भी थे कंगाल
आप बताओ कैसे बदला तुम्हारा ये हाल।
गंगू तेली जी ने बताया
हमें समझाया।
मैं तो पहले भी तेल बेचता था
आज भी तेल बेच रहा हूँ।
पहले रुपया दो रुपया कमाता था
अब लाखों कमा रहा हूँ।
इसलिए नेताओं के गुण गा रहा हूँ।
आज उन्हीं की कृपा से
मेरा धन्धा चल रहा है
तभी तो आपके घर दीपक जल रहा है।
मित्र, मैं आज भी तेल बेच रहा हूँ।
लाखों कमाता हूँ
बड़ों-बड़ों को तेल लगाता हूँ
अब तो वारे के न्यारे हो रहे हैं
नेता, अधिकारी, कर्मचारी

सरकारी और गैर सरकारी,
सभी एक-दूसरे को
तेल लगा रहे हैं।
तेल लगाकर, मेरे ही गुण गा रहे हैं।
मेरे तेल का इस्तेमाल करके
सीधे राजनीति में जा रहे हैं
विधान सभा, संसद में
सीट पा रहे हैं।
आप फिर भी कह रहे हैं,
आप कैसे रट रहे हैं।
आज हम गंगू तेली से
गंगाराम हो गये हैं।
तेल लगाने से
देश की राजनीति में
सफल हो गये हैं।

मैं जिन्दा हूँ (मसूरी यात्रा)

एक दिन हमारे मित्र आदत से विचित्र,
हमसे मसूरी यात्रा की जिद्द करने लगे।
यात्रा के नाम से हम डरने लगे
क्योंकि आजकल हादसे
बहुत हो रहे हैं
जाने अनजाने में हम
न जाने कितनी लाशों को ढो रहे हैं
हमने बहुत समझाया
लेकिन मित्र की समझ में नहीं आया
हम यात्रा पर चलने लगे।
कमबख्त पड़ोसी जलने लगे
घुमावदार रास्तों में घूमते-घूमते
पर्वतों की रानी को चूमते हुए
कैम्पटी फॉल झरने पर पहुँचे

हमारे मित्र स्नान करने नीचे चले गये
बस हम यहीं
नियति के हाथों छले गये
ठंडी-ठंडी हवा बह रही थी,
मानो हमसे कुछ कह रही थी।
थोड़ी देर पेड़ के नीचे
आराम कर लीजिए।
आप हमें भी थोड़ा-सा समय दीजिए।
हमने अपनी अन्तरात्मा की आवाज सुनी
और विश्राम करने की जगह चुनी।
थोड़ी ही देर में हमें
गहरी नींद आ गयी।
निंदिया रानी हमारे ऊपर छा गयी
पेड़ से टूटकर हमारे ऊपर
कुछ फूल और पीले पत्ते गिरे
हम लोगों की शंकाओं से घिरे।
किसी ने समझा बेचारा चला गया
मौत भी यहीं आनी थी
नियति के हाथों छला गया
श्रद्धालुओं ने हमारे ऊपर
अपार श्रद्धा भाव दिखाया।
किसी ने हमारे ऊपर रुपया, दो रुपया
किसी ने पाँच, दस रुपया चढ़ाया।
एक श्रद्धालु बड़ा ही दानी था
उसने हमारे ऊपर सौ का नोट
चादर सहित चढ़ाया।
एक महिला ने तो भाई साहब
हद ही कर दी...
अपनी चूड़ी उतारकर
हमारे पैरों में रख दी।
इनकी शक्ल हमारे 'उनसे' बहुत मिलती है
ऐसी मौत तो...

बड़े नसीब वालों को मिलती है।
काश, इनकी जगह हमारे 'वो' चले जाते
तो हम बीमे की रकम तो पाते।
कुछ श्रद्धालु हमारे ऊपर माथा टेक रहे थे
हम पड़े-पड़े सारा नजारा देख रहे थे
श्रद्धालु कह रहे थे...
भगवान इनकी आत्मा को शान्ति दे
इतने में हमारा मित्र आया
उनकी समझ में कुछ नहीं आया
उसने हमें हिलाया, हम हिले
उसने हमें सारा नजारा दिखाया
श्रद्धालु जन हमारे ऊपर हजारों रुपये चढ़ा गये
अपनी श्रद्धा बढ़ा गये
ऐसा लगता है
हम जिन्दा होते हुए भी मर गये हैं।
लेकिन भाई साहब अगले दिन
गजब हो गया...।
जब समाचार पत्रों में खबर छपी
एक कवि
कैम्पटी फाल में...पाया गया
हम लोगों को समझा रहे हैं
हम जिन्दा हैं
फिर भी हमारे पास आज तक
शोक सन्देश आ रहे हैं।

दाग धुल गये

जब नेता जी,
सत्ता पार्टी में थे
विपक्षी दोषारोपण करने से
बाज नहीं आते थे।
नेता जी को सबसे बड़ा

रिश्वतखोर, भ्रष्टाचारी बताते थे।
पार्टी ने नेताजी को
भ्रष्टाचार के कारण ही
पार्टी से निकाला।
जो कल तक विरोधी थे...
नेताजी का स्वागत
करने को, लिए खड़े थे माला।
आज विरोधी पार्टी के दरवाजे,
नेताजी के लिए
खुल गये हैं।
नेताजी पर लगे सारे दाग
दल बदलते ही
धुल गये हैं।

गुरु सक्सेना (साँड़ नरसिंहपुरी)

जन्म : 07 सितम्बर 1950, नरसिंहपुर (म.प्र.)

पिता : स्व. श्री लक्ष्मी प्रसाद सक्सेना (स्वतन्त्रता संग्राम सेनानी एवं शिक्षाविद्)

शिक्षा : एम.ए. (हिन्दी साहित्य), बी.टी., संस्कृत विशारद

प्रकाशन : (क) हास्य-व्यंग्य : फैशन का भूत, आदर्श की फजीहत, हाय अकोला चली गयी, नेता गिरगिट भाई-भाई। (ख) राष्ट्रीय : यशगान, (ग) आध्यात्मिक : तुम चन्दन हम पानी, सूर्पनखा (खंडकाव्य)।

विशिष्ट सम्मान : वर्ष 2004 के काका हाथरसी 'हास्य रत्न' सम्मान से सम्मानित, श्रीबाल पाण्डेय व्यंग्य अलंकरण (जबलपुर), पदुमलाल पुन्नालाल बख्शी 'साहित्य शिरोमणि सम्मान' (कटनी), स्व. सज्जन भोपाली साहित्य सम्मान (इन्दौर), माणिक वर्मा व्यंग्य अलंकरण (भोपाल), पैगाम पुरुष सम्मान (वरोरा महाराष्ट्र), रसोकि रमाकु (किशोर कुमार) हास्य-अलंकरण (इटारसी), काव्य महारथी सम्मान (हैदराबाद), तुलसी माखन सम्मान (खंडवा), जीजा बुन्देलखण्डी व्यंग्य सम्मान (दमोह), पं. वंशीधर शुक्ल साहित्य सम्मान (2011) (लखीमपुर खीरी, उ.प्र.) सहित अनेक संस्थाओं द्वारा सम्मानित।

विशेष : सन् 1970 से हिन्दी कवि सम्मेलनों में 'साँड़

नरसिंहपुरी' उपनाम से हास्य-व्यंग्य कवि के रूप में काव्य पाठ।

सम्पर्क : स्टेशनगंज, नरसिंहपुर-487001 (म.प्र.)

मो. : 9425169798

ई-मेल : vsaxena3@gamil.com

भिखारी

नाच नाच पत्नी से एक भिखारी ने कहा,
लॉटरी लाया हूँ अब मस्ती मनायेंगे।
देख लेना जाति वाले देख के हमारे ठाट,
जलन करेंगे हम और भी जलायेंगे।
छोड़ सारे कारनामे पहले तो लेंगे कार,
कार के सहारे कारबार को बढ़ायेंगे।
मारे-मारे सड़कों पै अब न फिरेंगे,
होके कार पे सवार भीख माँगने को जायेंगे ॥

सरकार गिरने की फिकर है मन्त्री को,
भाव गिरने की है फिकर रोजगार में।
ओले पानी गिरने की फिकर किसान को है,
एक्सीडेंट की फिकर बैठा है जो कार में।
सरकारी नौकरों को फिकर प्रमोशन की,
हूट ना हो जाये ये फिकर कलाकार में।
निश्चिन्त जिन्दगी हमारी ये भिखारी बोला–
नहीं कोई फिकर हमें है संसार में ॥

हनीमून

नयी नयी पत्नी से आकर भावुकता में,
कवि बोला–तुम मुझे रुचिकर भेष हो।
तुम मेरी कल्पना हो, तुम मेरी अर्चना हो,
तुम मेरी कविता आराधना सी पेश हो।

वह बोली–प्राणनाथ आज ही तुम मेरे,
रमाकान्त, संजय, गिरीश वा राजेश हो।
तुम ही अशोक मेरे तुम ही सुनील मेरे,
तुम ही रमेश मेरे तुम ही राकेश हो ॥

अलग-अलग रहे मिट्टी पानी के समान,
अब एक साथ नयी मूर्ति बनाने चलें।
किसका अतीत कैसा छोड़कर बातें सभी,
चलो एक साथ वर्तमान सजाने चलें।
करके श्रृंगार पूरा हो जाओ तैयार प्रिये,
एक-दूसरे में ओर छोर समाने चलें।
बाद में तो पूरी जिन्दगी रहेंगे साथ-साथ,
पर चलो अभी हनीमून मनाने चलें ॥

जीजाजी को मनाने अकेले ही भोपाल गये,
कितना किराया है हिसाब तो लगाइये।
चाचा को मनाना पड़ा भाई को मनाना पड़ा,
अब मनाने में कोई खर्च न बढ़ाइये।
सब हैं बनाने वाले आप हैं मनाने वाले,
मैं तो कहती हूँ किसी को भी न मनाइये।
कौन है ये हनीमून जिसको मनाना बाकी,
मुझे न घसीटिये अकेले मना आइये ॥

तुम हो नादान भोली भाली सचरित्र नेक,
साफ-साफ शब्दों में कैसे समझाऊँगा।
चाचा को मनाना और भाई को मनाना और
जीजाजी रूठेंगे चाहे जब मना लाऊँगा।
चाहती हो खर्च का बचाना ये समझदारी,
पर ये जरूरी खर्च नहीं बचा पाऊँगा।
सबको अकेले ही मना लिया है मैंने पर,
हनीमून को तुम्हारे साथ ही मनाऊँगा ॥

सूर्यग्रहण चन्द्रग्रहण

कोई लड़का
किसी लड़की के चक्कर लगाये
कोई खलनायक
उनके प्यार में टाँग अड़ाये
ये बात
हमें अच्छी तरह से समझ में आती है
लेकिन यार...ये पृथ्वी
सूर्य के चक्कर क्यों लगाती है?
अपने को आकुल व्याकुल किये
मिलन की कामना लिये
एक लम्बे जन्म के बाद
पूरी करने मुराद
जब इसे
सूर्य से मुलाकात करने का अवसर आता है
कमबख्त चन्द्रमा
दोनों के बीच में ठँस जाता है
यह ओछेपन की निशानी है
लगता है किसी फिल्म की कहानी है
फिल्मों में भी
बिल्कुल इसी टाइप के दृश्य रहते हैं
आदमी इसे सूर्य ग्रहण क्यों कहते हैं

सूर्य...
स्वभाव से गम्भीर है
शरीर से बलिष्ठ है वीर है
पृथ्वी से कई गुना बड़ा है
इसलिए उसकी नजरों में गड़ा है
अगर वह पृथ्वी को अपनाए
रूप राशि का समुचित लाभ उठाए
तो दोनों का

पति पत्नी के समान
सुन्दर जोड़ा बन जाता है
लेकिन ये बदमाश चन्द्रमा
पृथ्वी से है तो चौथाई
पर उसके चक्कर लगाता है

एक तो चक्कर लगाता है
और पृथ्वी जब अपने बचाव के लिए
सूर्य के सामने आ जाती है
तो पट्ठा पृथ्वी के पीछे छिप जाता है
मतलब...?
मतलब सूर्य से डरता है
यह सरासर कायरता है
बुजदिल आशिकों के कारनामे
बिल्कुल इसी टाइप के रहते हैं
आदमी
इसे चन्द्रग्रहण क्यों कहते हैं?

अस्पताल अनुभूति

भोपाल में
हम पड़े थे हमीदिया अस्पताल में
देखने आये हमारे जीजाजी
जो गीतकार हैं
शासकीय कॉलेज में लेक्चरर हैं
हमारी हालत पर तरस खाये
जबरन नौ नौ आँसू गिराये
देने लगे कॉलेज के उपदेश
इतने में नर्स ने किया प्रवेश
हम बोले नर्स जरा इधर आना
वह बोली
यह बत्तमीजी कहीं और दिखाना

समझते नहीं यह अस्पताल है
जानते नहीं यह नरसिंपुर नहीं भोपाल है
हमने कहा जी...
तभी तो आप काली हैं
क्योंकि नरसिंहपुरी नहीं भोपाली हैं
वे बोलीं जनाब जरा सभ्यता से रहो
नर्स नहीं...सिस्टर कहो
हमने कहा नर्स
हम सभ्यता से रहेंगे
और तुम्हें सिस्टर कहेंगे
पर ये तो बताओ
हमारे जीजाजी तुम्हें क्या कहेंगे?

मामाजी

वह बी.ए. में
मेरे साथ पढ़ती थी
एक साथ हँसती मुस्कुराती
और लड़ती थी
खाली पीरियड होने पर
सुभाष पार्क की दूब में
घंटे-घंटे भर बतियाती थी
मौका मिलने पर शनिवार को
मेरे साथ
मेटिनी शो देखने जाती थी
हम एक ही अमरूद को
एक साथ
दाँत से काटकर खाते थे
एक ही आम को चूसकर
मजा पाते थे
एक-दूसरे के बिना
नहीं पड़ता था चैन

प्यार ही प्यार
सूझता था दिन रैन
अपनी-अपनी कापी पर
दूल्हा और दुल्हिन के रूप में
एक-दूसरे की तस्वीर बनाई थी
भावुकता के नाजुक क्षणों में
एक साथ
जीने मरने की कसम खाई थी
पवित्र स्थानों के पत्थरों पर
अपना नाम अंकित
कर आये थे
कई वृक्षों के सीनों पर
चाकू से हमने अपनी
जोड़ी के नाम
बड़ी लगन के साथ बनाये थे
हम दोनों का संकल्प था
अपने प्यार की खातिर
कुछ भी करना पड़े
कर जायेंगे
एक-दूसरे से अलग ना
होंगे भले ही एक साथ
नदी में कूदकर मर जायेंगे
वही सीमा
करीब सात साल बाद
एक दिन स्टेशन पर मिली
हृदय की पंखुड़ी-पंखुड़ी खिली
तीन बच्चे उसके साथ थे
घरेलू सामान में
उलझे हुए हाथ थे
मैंने कहा सीमा
निकल गयी ना हरजाई
कर गयी ना बेवफाई
रिहर्सल मेरे साथ की
नाटक दूसरे के साथ खेला
नदी मेरी भावनाओं की बहाई

और दूसरे के नाम का
भरवा दिया मेला
इतना नहीं सोचा
तुम्हारे बिन कैसे जी पाऊँगा
बिछोह का ज़हर कैसे पी पाऊँगा
जानती हो
घुट-घुट कर मर रहा हूँ
आज भी
तुम्हारी प्रतीक्षा कर रहा हूँ
प्यार के पौधे को मत झुलसाओ
अपने पुराने दिन वापस लाओ
समाज के बन्धनों को तोड़कर
सीमा-मेरी बन जाओ
सिर्फ मेरी बन जाओ
उसने कहा
ये बेमौसम का राग
कैसे अलापना कर दिया शुरू
उन दिनों को हमेशा के लिए
भूल जाओ 'गुरु'
मुरझाई जिन्दगी में
प्यार के नये फूल सजा दो
मैंने आज तक तुमसे
कुछ नहीं माँगा है
मेरे लिए
एक अच्छी सी भाभी ला दो
इतना कहकर
अपने लड़के को पास बुलाया
परिचय के स्वर में समझाया
बेटा—सुदामा
ये हैं तुम्हारे मामा
सबको हँसाते हैं
खुद नहीं हँसते
अपने मामा जी से
करो बेटा नमस्ते।

गोपीनाथ 'चर्चित'

जन्मतिथि : 14 सितम्बर 1953

जन्मस्थान : गंगापुर सिटी, जिला सवाई माधोपुर (राजस्थान)

शिक्षा : एम.ए. संस्कृत, आयुर्वेदाचार्य

सम्प्रति : उपनिदेशक आयुर्वेद विभाग राजस्थान सरकार, जयपुर से सेवानिवृत्त।

सृजन : 'बोल मेरी मछली' बाल-गीत संग्रह, राजस्थान साहित्य अकादमी उदयपुर के सहयोग से प्रकाशित। विभिन्न पत्र-पत्रिकाओं में हास्य-व्यंग्य व अन्य गद्य-पद्य रचनाएँ प्रकाशित।

विशेष : दूरदर्शन व आकाशवाणी से काव्य-पाठ, सत्ताईस वर्षों से देश भर के कवि-सम्मेलनों में हास्य-व्यंग्य कवि के रूप में स्थापित, अनेक संस्थाओं द्वारा सम्मानित।

गतिविधियाँ : साहित्यिक संस्थाओं के माध्यम से साहित्यिक गतिविधियों का संचालन। ब्रजभाषा व खड़ी बोली में काव्य सृजन। राजस्थान साहित्य अकादमी, उदयपुर की सरस्वती सभा के सदस्य रहे तथा राजस्थान ब्रजभाषा अकादमी, जयपुर की गतिविधियों से जुड़े रहे।

सम्पर्क : धनवन्तरि नगर, नहर रोड, पो. गंगापुर सिटी, जि. सवाई माधोपुर (राज.)

मो. : 9414030941, 9602625246

मानव ही भगवान है

किसने आग लगाई ऐसी किसने सागर भड़काया?
किसने गंगा के विरुद्ध रावी, चिनाब को बहकाया?
कौन है जिसको राम रहीम का संग में रहना नहीं भाया
कौन है जिसको ईद और होली का मिलन नहीं भाया?
ना गुरुवाणी वेद और ना कहे यह बात कुरान है।
मानव! तुम मानव को पूजो मानव ही भगवान है ॥

नफरत की दीवार खड़ी करने वालो तुम बतलाओ।
मरे देश हित जो सपूत उनका क्या होगा बतलाओ ॥
गुरु गोविन्द सिंह के बच्चों का भोला बचपन लौटाओ।
जलियाँ वाले में बन्दों की मिटी जवानी लौटाओ ॥
लौटाओ 'सत श्री अकाल' वो रूठी जिनकी 'अज़ान' है
मानव! तुम मानव को पूजो मानव ही भगवान है ॥

गैरों के षड्यन्त्र से सूअर यदि नमाज में घुस आया।
किसका हुआ इशारा मन्दिर में गऊ का सिर रखवाया?
तीस इधर से, बीस उधर से मरे, ना फिर भी चैन आया।
उनसे पूछो जिनका दूध, सुहाग लौट ना घर आया ॥
इनसानों की लाशों से क्या होता धर्म महान है?
मानव! तुम मानव को पूजो मानव ही भगवान है ॥

भारत माँ सिसकी ले लेकर मेरे सम्मुख यों बोली—
अरे कलम के धनी! शान्त क्यों तेरी कलम नहीं बोली?
मैंने इनको जन्म दिया है कितने ही दुख झेले हैं।

ये सब मेरा पय पीकर मेरी गोदी में खेले हैं ॥
इसीलिए तो सब के तन में लहू एक समान है।
मानव! तुम मानव को पूजो मानव ही भगवान है ॥

'सर्वे भद्राणि पश्यन्तु मा कश्चिद् दुख भाग भवेत्'।
यह चिन्तन जो छूट गया तो टूटा निज बान्धव से हेत ॥
तू और मैं, तू-तू, मैं-मैं का भाव इसी से उदय हुआ।
भारतवासी निज घर में अपरिचित या परकीय हुआ ॥
धन से धर्म बदलने वाले कितने ये नादान हैं।
मानव! तुम मानव को पूजो मानव ही भगवान है ॥

मसीहा

झोंपड़ियों के
मसीहा कहाने वाले
उनके उत्थान के लिए
जोर-जोर से
चीखने वाले
चमचमाती
कारों में आये।
मजदूरों ने
करके चन्दा इकट्ठा
सुन्दर-सुन्दर हार
उन्हें अपने हाथों से पहिनाये।
नंगे, भूखे, मैले-कुचैले
बच्चे भी
तमाशा देखने आ गये।
उनकी सूखी-सूखी आँखों ने
कौतूहल से देखा
मसीहाजी ने
भाषण दिया
गले को गीला किया

कुछ सूखे मेवे बिखेरे
और कुछ खा गये।
अब वे
भाषण और चाटन
से थककर
पाँच सितारा में
विश्राम करने जा रहे हैं।
नन्हे-नन्हे बच्चे
जमीन पर बिखरे हुए
मेवों को
चींटी की तरह
बीन-बीन कर
खा रहे हैं।
वाह रे मसीहा!
धन्य है तुम्हारा
यह उत्थान
झोंपड़ी अभी भी
झोंपड़ी है
मजदूर आज भी है मजदूर
पर तुम्हारे पास है
मोटर, नौकर,
आलीशान मकान
और दौलत भरपूर।
झोंपड़ी?
हाँ...हाँ...
टूटी और बिखरी झोंपड़ी
बिल्कुल अशक्य,
जिसने दिया—
लँगोटी, धोती
और खड़ाऊँ पहिने
सफाचट्ट खोपड़ी
ललाट पर धारे
ज्ञान के

खरपतवार

एक बार
एक गीतकार की पत्नी को गुस्सा आ गया
गीत शान्त हो गये
पत्नी पर वीर रस छा गया
पत्नी बोली
कब तक गुनगुनाओगे
झूम झूम कर सुनाओगे
बताओ घर का सामान कब लाओगे?
गीतों से पेट नहीं भरता है
गधा भी रेंहकने से पहले
कुछ ना कुछ चरता है
'तुक्कड़जी' को देखो
बिना कविता के ही हँसा रहे हैं
बिना कुछ लिखे ही
लाखों कमा रहे हैं
कुछ उनसे भी सीखो
भले ही गीत पढ़ो
पर वेशभूषा से तो हास्य रस के दिखो
मंच पर जादा मत गाओ
गीत की प्रत्येक पंक्ति के बाद
एक चुटकला जरूर सुनाओ
तभी श्रोताओं को भाओगे
वर्ना हे गीतेश जी
कवि ही नहीं रह पाओगे
मंच को तरस जाओगे
और नहीं सुनाया तो
कितने दिन जी पाओगे!
यह सुनते ही
गीतकार के गीत उड़ गये
उपमानों की जगह चुटकले जड़ गये
आजकल वो

गीतों के साथ खरपतवार उगा रहे हैं
श्रोताओं को निखालिस
खरपतवार चरा रहे हैं
आयोजक भी खरपतवार के ही शौकीन हैं
बार बार उन्हें ही बुला रहे हैं
मंच पर गीतों की जगह
चुटकले छा रहे हैं
गीत तो बेचारा उदास बैठा है
चुटकलेबाज के पास
कार है, कोठी है पैसा ही पैसा है
गीत भूखा है प्यासा है
मंच पर कविता नहीं तमाशा है
माँ शारदा निराश है
सरस्वती पुत्र के पास लक्ष्मी का वास है
जो श्रोताओं के मन पर
डाका डालकर कमाई है
किन्तु माँ शारदा को डकैती कभी नहीं भाई है
अगर भाती तो
वाल्मीकि की डकैती क्यों छुड़वाती
लुटेरे की जिह्वा पर ही नहीं बैठ जाती
शारदा जब कृपा करती है
डाकू भी डकैती छोड़कर कवि बन जाता है
शारदा जब दृष्टि फेर लेती है
अच्छा भला कवि भी
डाकू बन जाता है॥

जूते का अपमान

लोकसभा चुनाव निपट गये
ऐसा लगा मानो युद्ध निपट गया
चुनाव और युद्ध में फर्क नहीं होता है
लड़ने वाले मजे लेते हैं

बेचारा मतदाता रोता है
वोटरों में हो जाती है लड़ाई
समाज व देश में भारी तनाव
तब जाकर निपटते हैं
भारतीय लोकतन्त्र के चुनाव
चुनाव में कई लोग मरते हैं
कई तो वोट डालने से ही डरते हैं
कुछ ऐसे भी होते हैं
जो सभी दलों का माल चरते हैं
फिर भी लोगों ने अपना आक्रोश निकाला
कुछ ने वोट दिये
कुछ ने जूता ही उछाल डाला
मैंने एक दुकानदार से कहा
कोई बढ़िया जूता दिखाओ
वो बोला
पहिनने के दिखाऊँ या फेंकने के!
पहिनने के चाहिए तो
बताओ अपनी नाप
फेंकने के लिए चाहिए तो नेता की औकात
औकात के हिसाब से जूता मिलता है
नेता बड़ा हो तो बड़ी कम्पनी का
छोटा हो तो, लोकल मेड भी चलता है।
मैंने कहा यार
फेंकने के लिए मैं पैसा क्यों लगाऊँगा
घर में फटे पुराने बहुत पड़े हैं
गट्ठर बाँध के
उनको ही नहीं फेंक आऊँगा!
उनमें भी सभी तरह के हैं
छोटे और बड़े
मीडिया वाले ये तो कहेंगे
चलो थोक में तो पड़े।
तभी शोरूम में से आवाज आयी

मैंने कहा कौन बोला भाई?
वो बोला मैं सीनियर जूता बोल रहा हूँ
फेंकने से पहले तुम्हारी आँखें खोल रहा हूँ
क्योंकि जूता
नेता से बहुत बड़ा होता है
चुनाव से पहले नेता
आदमी के जूतों में पड़ा होता है
इसलिए हम नेता पर नहीं
नेता हम पर पड़ते हैं
ऐसे वैसे नेताओं पर पड़कर
हम अपनी इज्जत खराब नहीं करते हैं
इसी में हमारा सम्मान है
नेताओं पर फेंकना तो
जूते का घोर अपमान है
इसलिए फेंकना है तो
नेताओं को फेंक कर बताओ
और मुझे मेरा उचित स्थान दिलाओ
नेता के सिर पर नहीं
आदमी के पैरों में पहिनाओ
जूता पाँव में रहेगा
तो बड़ा मजा आयेगा
वोट मशीन में पड़ेंगे
नेता जूतों में पड़ा पायेगा।

कफ़न का रोजगार

दो छात्र आपस में लड़ रहे थे
एक-दूसरे का गला पकड़ रहे थे
तभी अध्यापक ने उन्हें डाँटते हुए कहा
खामोश चुप हो जाइये
छात्र बोले गुरुजी!
दो की लड़ाई में तीसरे को नहीं बोलना चाहिए

भले ही आज हम आपको गलत दिख रहे हैं
मगर संसद में कैसे लड़ा जाता है
यह हम अभी से सीख रहे हैं।
फिर अध्यापक ने उन्हें पुचकारते हुए पूछा
बेटे "हाऊ डू यू डू"
छात्र बोले गुरुजी "बेटर देन यू"
अध्यापक ने झेंप मिटाते हुए
दोनों को दो-दो टॉफी खिलाई
छात्रों ने भी बड़े चाव से खाई
फिर अध्यापक ने उनसे पूछा
तुम दोनों ने कुल कितनी टॉफी खाई बताओ?
छात्र बोले गुरुजी!
टॉफी के चक्कर में आप हमें गणित मत पढ़ाओ
इस देश में तो गणित के साथ ही राजनीति की जाती है
संख्या बल किसी के साथ होता है
सरकार किसी की बना दी जाती है
इसलिए क्यों हमारा भविष्य बिगाड़ना चाहते हो!
पढ़ा लिखाकर हमें बेरोजगार रखना चाहते हो!
इस देश में पढ़े लिखों का भविष्य अन्धकार में है
अनपढ़ देश का भविष्य बनाते हैं और सरकार में हैं।
हम अनपढ़ रहकर भी सफल हो जायेंगे
कुछ भी पूछ के देख लो
हर प्रश्न का सही उत्तर दे जायेंगे
विश्वास नहीं हो तो शंका मेट लो
कुछ भी पूछ के देख लो
तब अध्यापक ने परीक्षा लेने के लिए उनसे पूछा
राम कहाँ पैदा हुए थे, बताओ?
छात्र बोले गुरुजी!
ऐसे फालतू के प्रश्नों में हमें मत उलझाओ
इस प्रश्न पर तो हमारी सरकार ही मौन है
इसे पूछने वाले फिर आप भला कौन हैं
यह सुनकर अध्यापक घबराया
पहले प्रश्न को छोड़ा, दूसरे पे आया

कश्मीर भारत का स्वर्ग कैसे है, बताओ?
छात्र बोले गुरुजी!
पहले आप खुद कश्मीर जाओ
यह तो आप वहीं जाकर जान पाओगे
जब वहाँ जाते ही स्वर्गवासी हो जाओगे
अध्यापक ने ज़हर का घूँट पिया
और अगला प्रश्न किया
गरीबी मिटाने का उपाय बताओ
छात्र बोले गुरुजी! भ्रष्ट नेताओं को मार भगाओ
गरीबी का नामो निशान मिट जायेगा
जब मच्छर ही नहीं रहेगा, तो मलेरिया कहाँ से आयेगा
तब अध्यापक ने परीक्षा की औपचारिकता को पूरा किया
और छात्रों से अन्तिम प्रश्न किया
महँगाई कम करने का उपाय बताओ?
छात्र बोले, पहले आप हमको
भारत का वित्त मन्त्री बनाओ
वित्त मन्त्री बनकर, जब हम वित्त मन्त्रालय में जाएगा
दो चार मन्तर घुमायेगा
तब देखना गुरुजी—आप हमारा कमाल
महँगाई को ऐसे गायब कर दूँगा
जैसे गरीब के झोंपड़े से रोटी और दाल
फिर आम जरूरत की चीजों के भाव गिराऊँगा
मगर सबसे पहले,
बेमौत मरने वाले निर्दोष लोगों के लिए
सस्ते दामों पर कफ़न उपलब्ध कराऊँगा
क्योंकि भारत में कितने ही लोग
मरने के बाद भी कफ़न के लिए तरस रहे हैं
बहुत हिम्मत वाले हैं
जो आतंकवादियों के हाथों मरने से भी नहीं डर रहे है
मेरी इस योजना से
जहाँ ऐसे शहीदों का थोड़ा-सा सम्मान बढ़ जायेगा
वहीं बहुत सारे बेरोजगारों को
कफ़न बेचने का रोजगार मिल जायेगा।

घनश्याम अग्रवाल

जन्मतिथि : 04 सितम्बर 1942

प्रकाशन : देश की लगभग सभी प्रमुख पत्र-पत्रिकाओं में हास्य-व्यंग्य कविताएँ, लेख तथा लघुकथाएँ प्रकाशित। कई संकलनों में रचनाओं का समावेश।

किताबें : 'हँसीघर के आईने' (हास्य-व्यंग्य गद्य संग्रह), 'आजादी की दुम' (हास्य-व्यंग्य कविता संग्रह), 'अपने-अपने सपने' (लघुकथा संग्रह), 'आवाज आतला बाहेरचाही' (लघुकथा संग्रह का मराठी अनुवाद), 'आई एम सॉरी' (हास्य-व्यंग्य कविता संग्रह)।

अन्य : आकाशवाणी तथा दूरदर्शन पर रचनाओं का प्रसारण।

लेखन के साथ-साथ अखिल भारतीय कवि-सम्मेलनों में हिन्दी-राजस्थानी हास्य-व्यंग्य कवि के रूप में एक पहचान भी। भोपाल दूरर्शन के लिए परसाईजी की रचनाओं पर आधारित सीरियल 'तीर' के अतिरिक्त कुछ अन्य सीरियलों का लेखन।

पुरस्कार : 1996 का 'काका हाथरसी हास्य-व्यंग्य पुरस्कार' महामहिम राष्ट्रपति जी के हाथों। जनचेतना मंच मुम्बई द्वारा 'शरद जोशी स्मृति सम्मान'। राजस्थानी विकास मंच द्वारा 'राजस्थानी साहित्य रा. डॉक्टर' (डी.आर.लिट्) की मानद् उपाधि।

महाराष्ट्र राज्य हिन्दी साहित्य अकादमी द्वारा 'अपने-अपने सपने' पुस्तक पर मुंशी प्रेमचन्द पुरस्कार। श्याम ज्वालामुखी स्मृति पुरस्कार (श्रेष्ठ मंचीय कवि को दिया जाने वाला पहला पुरस्कार)।

सम्प्रति : अवकाश प्राप्त-कवि सम्मेलन-लेखन मौज मस्ती और आपको याद करना।

सम्पर्क : अलसी प्लॉट्स, अकोला-444001

ई-मेल : hasyakavighanshyamagrawal@gmail.com

वेबसाइट : www hasyaakavghanshyam.com

मो. : 09422860199, 0724/2437899

पेट का इण्टरव्यू

एक दिन मैंने पेट से पूछा–
"क्यों बे कमबख्त, इतना क्यों
पीठ से चिपकता जा रहा है?"
वह बोला–"मालूम नहीं तुमको
आजकल समाजवाद आ रहा है
अब बड़ा और छोटा
खरा और खोटा
सब एक हैं,
समाजवाद का यही तो है मन्तर
फिर पेट और पीठ में
कैसा अन्तर?"
मैं बोला–"लगता है अब तू
जल्दी ही बड़ा होने वाला है,
अगले चुनाव में शायद
तू भी खड़ा होने वाला है।"
वह बोला–
"खड़ा होने के लिए भरा होना जरूरी है
और मैं तो खाली पेट हूँ
यानी कि इंडिया गेट हूँ
बस समाजवाद लाना चाहता हूँ।"
मैं फिर बोला–"समाजवाद के लीडर जैसी
तेरी केवल बातें हैं
तू पीठ से चिपक नहीं सकता
क्योंकि तेरे और पीठ के बीच

अब भी कुछ आँतें हैं।''
हँसकर बोला पेट–
''पूरे साठ दिन हो गये
मुझे सूखी रोटी का एक टुकड़ा
या किसी कुत्ते के मुँह से गिरा
बोटी का एक टुकड़ा
कुछ भी तो नहीं मिला।
ऐसे में देश का नक्शा ही
देश की सीमा छोड़ देगा
ये भूखा पेट, देख लेना
सारे नियम तोड़ देगा
कल तक रोटी नहीं मिली
तो मैं अपनी इन
आँतों को ही खा जाऊँगा
पीठ से चिपक जाऊँगा
हर हाल में समाजवाद लाऊँगा।''

टीम-भावना

विदेश जाने के पूर्व
टीम के कप्तान ने बताया कि
हम टीम-भावना से खेलेंगे
मिल-जुलकर नाम कमाएँगे,
जीतने के बाद जो रबर मिलेगा
उसे मैं अकेली ही नहीं
बारी-बारी से सभी खिलाड़ी
अपनी चोटी में लगाएँगे।

इलाज

आती हुई कार से

एक नौजवान टकरा गया
टाँग टूटी,
फिर भी मुस्कुराते देख
कारवाला चकरा गया
नौजवान धीरे से बोला—
"प्लीज,
मुझे हॉस्पिटल मत ले चलिए
टाँग टूटने से,
मेरी तकदीर खुल सकती है
सात साल से बेकार हूँ
नौकरी नहीं तो क्या,
अब कम से कम
भीख तो मिल सकती है।"

चक्रधर शुक्ल

जन्मतिथि : 18 जनवरी 1957

जन्मस्थान : खजुहा, जिला फतेहपुर (उ.प्र.)

पिता : स्वर्गीय पं. कृष्ण दत्त शुक्ल

माता : श्रीमती सावित्री देवी शुक्ला

पत्नी : श्रीमती दीपा शुक्ला

शिक्षा : एम.ए. (अर्थशास्त्र), बी.एससी.

कृति : अँगूठा दिखाते समीकरण (प्रेस में) (क्षणिका संग्रह)

अप्रकाशित : मीठे बोलो बोल, जय-जय हिन्दुस्तान की (बालगीत)।

प्रकाशन : विभिन्न पत्र-पत्रिकाओं में रचनाओं का निरन्तर प्रकाशन। 1000 रचनाओं का प्रकाशन।

संकलनों में : 30 संकलनों में रचनाएँ संगृहीत।

सह-सम्पादक : कुछ उपमेय : कुछ उपमान, पत्रकारिता प्रदीप 'प्रताप'।

अतिथि सम्पादक : अन्वेषी वार्षिकांक (अन्वेषी संस्था, फतेहपुर) वर्ष 2010 से

सम्प्रति : स्वतन्त्र लेखन

विशेष : अतीत की धरोहर : खजुहा, फतेहपुर के वृत्तचित्र पर आलेख लेखन के साथ विशेष सहयोग।

सम्पर्क : सिंगल स्टोरी, एल.आई.जी.-01, बर्रा-6, कानपुर-208027 (उ.प्र.)

मो. : 9455511337

गठबन्धन

राम-रावण की
शिखर वार्त्ता हुई
कुछ राम ने
कुछ रावण ने कही
बैर-भाव भुलाकर
दोनों ने गठबन्धन कर लिया
यह सुनकर—
विभीषण
अन्दर से हिल गया!

रक्तबीज

आदमी के
रग-रग में
भ्रष्टाचार
रक्तबीज बनकर
पनप रहा है
हरिश्चन्द्र, मरघट पर ही नहीं
जगह-जगह
अव्यवस्था का
शिकार हो रहा है!

चन्दा

पत्नी उवाच–
"इतने दिनों से आप
नेतागीरी में
क्या कर रहे हैं?"
नेता उवाच–"प्रिये
तुम्हें नहीं ज्ञात
कि हम क्या कर रहे हैं
सूखा पीड़ितों के नाम
वसूल कर चन्दा
तुम्हारे नाम से
बैंक में धर रहे हैं।"

बाढ़

बाढ़ का
हवाई सर्वेक्षण करते हुए
बगल में बैठी
मन्त्री जी की मंगतेर ने कहा–
"प्रियतम
ऐसे मनोरम दृश्य
ये बाढ़ दिखलाती रहे
और आप
जब तक मन्त्री रहें
ये बाढ़
हर वर्ष आती रहे।"

पूछताछ

पूछताछ विभाग
रेलवे में कार्यरत

अपने डैडी से
लड़के ने पूछा—
"पापा ऽऽऽ
मेरे कॉलेज की ड्रेस
कल बनकर आ जायेगी!"
वो ऊँघते हुए बोले—
"गाड़ी चार घंटे लेट है
प्लेटफार्म पाँच पर आयेगी।"

भेद

स्टेज पर
(अशोक वाटिका का एक दृश्य)
रावण
सीता जी से बोला—
"हे! सीते, हे! सीते...
तू मेरा कहना मान ले
रहोगी शान से,
रहोगी शान से
तभी सीता...
आवेश में आकर बोली—
"हे दशासन
तू मुझे, सीते-सीते कहकर
क्यों रहा है पुकार
मेरा नाम है राजकुमार।"

आयोजन

सीताहरण के जुर्म में
रावण को
परिवार के साथ

मरना पड़ा
लंका का राजा
विभीषण को बनना पड़ा
पर आज–
बलात्कारी रावणों के सम्मुख
विभीषण
घरों से, मार कर
जा रहे हैं भगाये
रावणों का होता
चौराहे-चौराहे अभिनन्दन
आयोजित की जातीं
हर्ष की सभाएँ।

आधुनिक विभीषण

अत्याचार न सहन कर पाया
विभीषण
रावण की लात खाकर
'राम' की शरण में आया
पर आज
बलात्कारी रावणों के सम्मुख
अत्याचारों को
होते देखता है
लात खाने के बाद भी
विभीषण
राम की शरण में नहीं जाता
रावण के चले जाने के बाद
अपना पासा फेंकता है।

द्रौपदी और जींस

आज की तरह
कल इसी स्टेज पर
'द्रौपदी का चीर हरण' होगा
ड्रामे के मैनेजर ने कहा—
हाथ जोड़कर
बहुत से लोग आये वहाँ
अनुशासन तोड़ कर
हाल पूरा 'हाउसफुल' हो गया था
इधर ड्रामा शुरू हो गया था
चीरहरण के समय
स्टेज पर
द्रौपदी को लाया गया
स्टेज पर आते ही
द्रौपदी बेहोश हो गयी
फौरन डॉक्टर बुलाया गया
पर उसे होश नहीं आया,
मैनेजर सकपकाया
एक लड़के को
शीघ्रातिशीघ्र द्रौपदी बनाकर
स्टेज पर ले आया
तभी पब्लिक ने—
जोर से, हल्ला मचा दिया
अरे! तुमने द्रौपदी को...
जींस पहना दिया।

जगन्नाथ 'विश्व'

जन्मतिथि : 30 अक्टूबर 1937

जन्मस्थान : ग्राम हरुखेड़ी तराना, जिला उज्जैन, (म.प्र.)

शिक्षा : बी.ए. (साहित्य रत्न)

भाषा ज्ञान : हिन्दी, अंग्रेजी, लोकभाषा, मालवी, राजस्थानी अन्य विविध आंचलिक बोलियाँ।

कार्यक्षेत्र : साहित्य सृजन, काव्य लेखन, पत्रकारिता, मंच संचालन।

विधाएँ : गीत, नवगीत, ओज, हास्य-व्यंग्य।

प्रकाशित कृतियाँ : काव्य-संग्रह—त्रिवेणी, बढ़ते जाना गाते गीत, फूल और काँटे, अभिव्यक्ति, जय जवान जय किसान, मेरा देश मेरे गीत, बबूल सींचते रहे, हँसी हँसी में व्यंग्य, रणभेरी, वक्त की पुकार, धूम मचाले धूम एवं सूरज से सीखें जग रोशन करना।

संकलन : संयोजक, उपासना, मंगल कलश, आँगन की आस्था, त्रिवेणी।

सम्पादन : वार्षिक पत्रिका भारत ज्योति, साप्ताहिक लोक दर्शन, वातायन, ग्रेसिम सन्देश।

अभिनय : टी.वी. सीरियल—चाचा बन्दूकची।

लघु शोध प्रबन्ध : वर्ष 1998-99

शोध विषय : जगन्नाथ 'विश्व' के काव्य का अनुशीलन, विक्रम विश्वविद्यालय उज्जैन (म.प्र.)।

प्रसारण : आकाशवाणी, दूरदर्शन, आज तक, आस्था, सब टीवी (वाह वाह), ज़ी नेटवर्क।

सम्प्रति : (वर्तमान) गरिमा प्रकाशन
सम्पर्क : 'मनोबल' 25, एम.आई.जी.
हनुमान नगर नागदा जंक्शन (भारत) 456335
मो. : 9425986386

परिवर्तन और प्रश्न

जिसका कोई राज नहीं
उस राजनीति के
कुछ चतुर, कुछ गँवार
कलमुँहे सनकी बन्दर
पके-फलों को चट करने
भर लम्बी छलाँग, शाखों की
अदल-बदल में बुरी तरह व्यस्त हैं
पराई पुचकार और फुसलाई पर
ये रोज बिना हिचक
बुरा बोलते हैं
बुरा सुनते हैं
बुरा देखते हैं
और तो और
ये चलते-फिरते न्यायाधीश
न्याय की तराजू हाथ में लिए
फरियादी की रोटी हड़प रहे
वैधानिकता का ढोल पीटते
अवैधानिक षड्यन्त्र नियमित रच रहे
फिर भी
देश की भोली-भाली त्रस्त जनता
द्रौपदी की तरह
इन्हें पंच-परमेश्वर मानकर
अपने सतीत्व-रक्षा की मुरादें माँगती है
जबकि आज के

कृष्ण, कंस के रिश्तेदार हो गये
अर्जुन, उल्टे पाँव फरार हो गये
युधिष्ठिर, भ्रष्टाचारी मक्कार हो गये
सहदेव, फिल्मी-स्टार हो गये
नकुल, दल-बदलू गद्दार हो गये
आखिरकार—
यह कैसा परिवर्तन
हमने, आपने, सबने
क्या सोचा था?
क्या हुआ?
क्या होगा?

जैसा निजाम, वैसा अंजाम

जहाँ हंगामा ही हंगामा हो
और अमन की दरकार न हो
मुल्क लुट जाए
मुहाफिज-पासवाँ होते हुए
और रहनुमा तमाशा देखें
वहाँ गर-लिबास-ए-तहजीब
नंगी हो जाए तो, अफसोस क्या?
जैसा निजाम उसका वैसा अंजाम।

तिरस्कार

तुम सहयोग मत दो,
हमें माँगना आता नहीं है
तुम्हारा सहयोग हमें सफल कर सकता
नहीं,
क्योंकि, उसमें व्यभिचार, भ्रष्टाचार,
स्वार्थ, द्वेष और अहम की सड़ाँध है

कल की ओर

अब, कुर्सी के लिए लोग
सास-बहू की तरह
लड़ रहे हैं
फिर भी कहते हम
सुनहरे कल की ओर
बढ़ रहे हैं।

एक यथार्थ

एक जमात के
दो नेताओं की दोस्ती
बराबर की नहीं होने से
हमेशा के लिए
नफरत में खत्म हो गयी

जुर्माना बनाम चांस

हमारे नगर के डिग्री कॉलेज में
एक दिन हमने देख लिया
एक लड़के ने एक लड़की का
जबरन हाथ पकड़ लिया
देखते ही देखते
बात का बतंगड़ बढ़ गया
क्योंकि
लड़की के दिमाग का
पारा चढ़ गया
उसने इस हरकत की
प्रिंसिपल से कर दी शिकायत
प्रिंसिपल ने सही सलामत
दोनों को ऑफिस में बुलाया

लड़की को देख
लड़के पर रौब जमाया
बस आव देखा न ताव
चश्मा नाक की नोक किया
अपराधी लड़के पर
रुपये पचास जुर्माना ठोंक दिया
लड़का बड़ा होशियार था
अपने यारों का यार था
उसने प्रिंसिपल का
आदेश मानकर
उनकी अन्तर आत्मा पहचान कर
शीघ्र अपना शीश झुकाया
साथ ही
एक सौ का नोट सेवा में सरकाया
देखकर सौ का नोट
प्रिंसिपल बोले डंके की चोट
अच्छा चलो बढ़ लो
प्यारे एक बार
हाथ और पकड़ लो

नहले पे दहला

श्रीमान
आप आश्चर्य करेंगे यह सुनकर
प्रेम नगर की नयी सड़क पर
सलवार-कुर्ती में फुर्ती से
चल रही थी
एक लड़की हुस्ने-मलिका
और उसके पीछे
चल रहा था एक लड़का
नयी उमर नयी फसल का
मौका पाकर

लड़के ने लड़की से कहा
आय-लव मिस मेरी
ये रात के बजाए
दिन में चाँद निकला है कैसे?
इस पर लड़की ने
लड़के से कहा, "आय डोंट लाइक"
धत् तेरी, ये रात के बजाए
दिल में उल्लू बोला है कैसे?

मित्र-बोध

मैं तुम्हें जानता
तुम मुझे जानते हो
तिकड़म की दुनिया में
हम चोर के भाई उठाईगीरे हैं
भूल कर भी किसी
सत्यवादी की सोहबत में
आना मत
दल बदलू कहलायेंगे

उल्लू बोलते हैं

एक बार पत्रकार वार्ता में
सांसद नेता ने कहा
आजकल पत्रकार व्यर्थ नेताओं की
बँधी बुट्ठी खोलते हैं
तो मजबूरन पत्रकार को कहना पड़ा
जी हाँ सुना है इन दिनों
संसद में भी उल्लू बोलते हैं

पदोन्नति

एक मन्त्री रेवेन्यू सेक्रेट्री का
बड़ा आभारी और पुजारी था
क्योंकि वह मन्त्री
मन्त्री बनने के पूर्व
भ्रष्टाचार के आरोप में
बर्खास्त किया गया
पटवारी था।

आपके नकाब

बन्दरों की तरह सब उछलने लगे
गिरगिटों की तरह रंग बदलने लगे
लाख चाहा छुपाना तो खुद को मगर
आपके भी नकाब अब उतरने लगे

रंग में भंग

एक मन्त्री का ढंग बेढंग हो गया
स्वागतकर्ता कोई न आया तो
देखकर दंग हो गया
तब मन्त्री के कान में धीरे से
घरेलू चमचे ने कहा
हुजूर लगता है आपका
मन्त्री मंडल भंग हो गया

प्रदूषण

पहले
सौ दवा की

एक दवा थी 'हवा'
अब हवा में भी मिलावट
'है खुदा गवाह'

कल की ओर

अब, कुर्सी के लिए लोभ
सास-बहू की तरह
लड़ रहे हैं
फिर भी कहते हम
सुनहरे कल की ओर
बढ़ रहे हैं।

धूमकेतु

सम्पर्क : 253-ए, सेक्टर, सर्वधर्म कॉलोनी कोलार, भोपाल-42

मो. : 09826017403

लड़कियों के कालेज में कवि सम्मेलन

नववर्ष की पूर्व सन्ध्या पर
लड़कियों के कालेज में कवि सम्मेलन
हमारे न जाने कौन से पूर्व जन्म के पुण्य जो हमें बुलाया गया?
जैसे जैसे कालेज नजदीक आता था
हमारा दिल, तमिलनाडु एक्सप्रेस की तरह
एक सौ बीस किलो की रफ्तार से,
पटरियाँ छोड़-छोड़कर उस ओर जाता था।
हम उनके मुख्यद्वार में, बजरंगबली की जय
के उद्घोष के साथ अन्दर घुसे
लड़कियों का महासमुद्र देखकर जिस पर इमरजेंसी माई के—
सामने चऊये, पंजे, छक्के प्लेट हो जाते थे, उसी प्रकार गिर पड़े?
मख्खनजीन चम्पाजी चटकी, गुलबंदन चमेली जी चुलबुलाई
ताराबाई सेन्डो की डुप्लीकेट कापी कुमुद जी ने काँधा मारा
और मेडम रातरानी के मखमली आगोश में हमने होश सँभाला?
वो हमें धक्के दे रही थी—
और हम उनकी गोद में चिपके जा रहे थे ऐसे?
पचास साल के वैवाहिक जीवन में, दो बार तलाक दे देने के बाद भी,
कांग्रेस कुर्सी से चिपक गयी हो जैसे?
हमें उनकी गोद में मीठे-मीठे स्वप्न आ रहे थे,
और एक स्वप्न तो आज तक याद है जिसमें जनता सर्कस—
का शेर और "इमरजेन्सी माई" एक प्लेट में हिन्दुस्तान को रखकर
हलवे की तरह खा रहे थे?
आखिर एक लड़की ने हमारे पैरों को पकड़ा।
तीन चार ने जोर से जकड़ा।

हमने पैर फड़फड़ाये। हाथ जोर-जोर से हिलाये?
लड़की के हाथ से पैर तो छूट गया।
पैण्ट पकड़ा गया?
मैं उसके इस कृत्य से, शर्म के मारे जमीन में गड़ गया।
मुझे लगा जैसे जनता पार्टी का भारी बहुमत,
इकलौती कांग्रेस पर चढ़ गया
मैं शौला ऐ शवाबों पर चिल्लाया?
लड़कियों पर जोर-जोर से डकराया?
कि किस कदर बेशर्म हैं आप?
एक मासूम शर्मीले कवि के साथ आखिर क्या चाहती हैं।
कोने में खड़ी उपेक्षित गेंदाबाई बोली अरे वही जो वही जो बेशर्म–
शर्मदार के साथ चाहता है।
हमने कहा सावधान! हमारे साथ है महिला मर्दनी,
बरेली का हीरो, जनता सर्कस का विदूषक राज?
लड़कियाँ बोलीं नाम
हमने कहा आपकी जनरल नॉलेज बहुत कमजोर है–
भज मन नारायण! नारायण!! नारायण!!!
लड़कियों की पकड़ हो गयी मजबूत।
मेरी होती जा रही ढीली?
सदासुहागन बटन का साहस टूट रहा था।
एक कवि का भाग्य दिन दहाड़े लड़कियों के कालेज में फूट रहा था?
मेरी जूनी पुरानी पैण्ट लड़कियों और मेरे बीच बन गयी थी–
रस्सा खिंचाई का खेल।
दोनों ओर से मैदान जीतने की होड़?
मैंने सारी हेकड़ी को छोड़?
आधुनिक कृष्ण, बाल ब्रह्मचारी याने कि श्री अटलबिहारी?
श्री अटल बिहारी वाजपेई जी को याद करते हुए कहा–
प्रभु वाजपेई जी, आपने द्वार में कृष्ण बनकर द्रौपदी की लाज बचाई?
कलयुग में अपने द्रौपदा को बचाओ?
लड़कियाँ बोलीं ज्यादा हाथ-पैर मत हिलाओ?
हमने कहा प्रभु वाजपेई जी मेरी रक्षा करो?
लड़कियाँ बोलीं, अभी वे स्वयं अपनी रक्षा करने में व्यस्त हैं

उन पर भरोसा मत करो?
मैंने कहा कम से कम भगवान से तो डरो?
लड़कियों ने मुझे छोड़ दिया
फिर एक बोली कौन-सी कविता सुनायेगा?
मैंने कहा आप मेरे स्वाभिमान से खेल रही है?
अरे यह बम्बई की चकल्लस थोड़ी है जहाँ पहले कविता सुनाये?
जूरी से जँचवाये।
उन्होंने कहा अरे यहाँ से ऐसा ही चलेगा।
और वही जमेगा जो शृंगार पढ़ेगा?
हमने कहा अच्छा एक नवगीत सुनो—
पूनम की रात। सन्ध्या के साथ ॥
झील के उस पार। करते विहार ॥
दूधिया चितवन। नयनों के बाण ॥
प्यासै अधर भौहे कमान ॥
उभरे उरोज सुर्ख कपोल।
नागिन सी जुल्फें, मिश्री से बोल।
सावन के झूले। सन्ध्या के कूल्हे
जिन्हें आज तक नहीं भूले, जिन्हें आज तक नहीं भूले।
सरगम और थाप। चेहरा शबाब।
शराब और सुराही।
लड़की चिल्लाई—अरे सत्यवादी हरिश्चन्द्र की औलाद
तुझे हम पर नंगी कविता सुनाने में शर्म नहीं आयी।
अरे हम होंगे किसी की माँ, किसी की बहू, किसी की बहन।
अनादि काल से तुम पुरुषों के अन्यायों को करते रहे सहन।
गन्दली राजनीति से प्रगतिशील साहित्य तक।
चकलाघरों से सौन्दर्य नुमाइश तक।
तुम हम तेजस्विताओं के धवल चेहरे पर पोतते रहे कालिख—
करते रहे बदनाम
स्वार्थ की मैली चादर पर सुख-सुविधाओं की कालीन बिछा—
रक्त पिपासुओ तुम्हें सूझता रहा काम?
हमारी कोख से जन्म लेने के बाद
एहसान फरामोश हमें समझते हो जिन्दा लाश

चाँदी के चन्द टुकड़ों पर खरीद रहे हो गरीबों के पेटों की आग
बेसहारा मजबूर अविकसित झुग्गी झोंपड़ियों की—
बेटियों पर कर रहे हो घात
कवि सम्मेलन में इसी प्रकार का घोर दिगम्बरी शृंगार पढ़ेगा
तो साहित्य के कोढ़ समाज की सेवा क्या इसी प्रकार से करेगा?
क्या तुम सीता मरियम का त्याग
पन्ना हाड़ी का सुहाग।
पद्मनी का जौहर मीरा का उत्सर्ग
चाँद बीबी रोशन आरा, दुर्गावती की बहादुरी
महादेवी का काव्य अहल्या का न्याय
सुभद्रा कुमारी चौहान की शत्रुओं को हुंकार
लेकिन अफसोस कि तुम्हें सूझता है सुरा सुराही
नायिका की कमर और भोंडा शृंगार।
अतीत से करते हो घृणा ऐतिहासिक कविताएँ सुनाने में शर्माते हो
शृंगार की दलदली जमीन पर कवि सम्मेलन—
के फुसफुसे महल को उठाते हो।
आखिर यह नाटक नौटंकी कब तक चलेगा
और जिस राष्ट्र का वर्तमान सुरासुराही की बैसाखियों पर खड़ा हो
उस राष्ट्र का भविष्य क्या खाक बनेगा।
अरे मेरे राष्ट्र को बचाओ
मेरे साहित्य को बचाओ

साढ़े साती शनि और उनका प्रभाव!

हमारा सर उस समय चकराया!
जब एक पहुँचे हुए भविष्यवक्ता ने हमें बताया?
कि कविराज हमें साफ-साफ दिखाई दे रहा है कि
—आप पर साढ़े साती शनि चढ़े आ रहे हैं?
वे आपको न जाने कैसे-कैसे अनिष्टकारी चमत्कार दिखा रहे हैं!
इसके पहले कि वे आपको नुकसान पहुँचाएँ!
हम उनसे बचने के कुछ उपाय सुझाएँ!
हमने उन्हें बीच में ही टोकते हुए कहा—

गुरु सबसे पहले हमें यह बताइये कि अपने देश में,
कितने शनि, किस रूप, किस वर्ण, किस जाति में पाये जाते हैं?
जो करोड़ों लोगों पर, एक साथ, समयबद्ध चढ़ जाते हैं!
दूसरी बात नुकसान पहुँचाने की है तो पिछले ही दिनों–
एक अन्य ज्योतिषाचार्य–एक हजार आठ!
अखंडानन्द महाराज।।
अखंडानन्द महाराज ने हमें बताया।
कि साढ़े साती शनि के सुखद प्रभाव से, गर्दिश में पड़े–
कई नेताओं ने मन्त्री तथा कविवर
श्री अटल बिहारी वाजपेई ने पी.एम. पद पाया?
अतः हम उनकी मानें या आपकी, पहले हमें यह बताइये!
खाँ मो खाँ शनि की महादशा से मत डराइये!
अरे शनि, बिगड़े बिगड़ाये कवि का क्या बिगाड़ेंगे!
जब उन्होंने बाल ब्रह्मचारी को सारी सुख सुविधाएँ
उपलब्ध कराई हैं, तो हमें कंगाल थोड़ी बनाएँगे?
हमारा तर्क उन्हें कुतर्क लगा इसलिए सीने में गड़ गया।
भविष्यवक्ता का पारा, सातवें आसमान पर चढ़ गया।
ते बोले–बच्चू जब शनि अपने पर आते हैं,
तो अच्छे अच्छे पानी माँग जाते हैं।
देखा नहीं कुछ दिनों पहले शनि की कुदृष्टि,
"चरित्रवान नेताओं" पर पड़ी।
इसीलिए सी.बी.आई. ने 'सुव्यवस्थित डायरी' गढ़ी।
वो बात अलग है कि तेल लगा लगाकर, फँसे फँसाये मुर्गे फिसल गये।
और बेचारे शनि महाराज, डायरी के बोझ से, स्वयं पिचल गये।
लेकिन हम इन सबकी क्यों, अपने सगे सम्बन्धियों कवि,
शायर, लेखक-बुद्धिजीवियों की बात बताते हैं।
जो स्वयं को गरीब/बेबस/मजबूर/बेसहारा/शोषित/पीड़ित–
सर्वहारा वर्ग के प्रतिनिधि होने का एहसास जताते हैं।
जी हाँ, इन्होंने ही किया है समाज पर बहुत बड़ा उपकार।
हम देख रहे हैं इनके कारण 'साहित्यिक द्रौपदी' के
चीर हरण का सुसुवासित संस्कार?
इन्होंने ऐसे नगमें लिखे हैं जिन्हें सुनकर सीना गर्व से फूल जाता है

''चोली के अन्दर क्या'' से ''आती क्या खंडाला''
जैसे परम-सुखदायी गीत से श्रोता,
फूला नहीं समाता है।
इनकी उच्च स्तरीय सोच से, तुलसी सूर कबीर
जायसी निराला मुक्तिबोध।
सभी शर्म से पानी पानी हो स्वयं को समझ रहे हैं
अज्ञानी और अबोध।
यही दिल्ली के न जाने किस शनि को, न जाने कब
कौन सा तेल लगाते हैं।
कि अगले ही दिन पद्‌मश्री वाली सूची में स्वयं को पाते हैं।
इनके कारनामों से बेचारे, असली शनि तक,
नकली शनि नजर आ रहे हैं
और हद यहाँ तक आ पहुँची है कि वे,
इन आधुनिक शनिओं को ढूँढ़-ढूँढ़ कर उन पर तेल चढ़ा रहे हैं।

हड़ताल से लाभ

आये दिनों डाक्टरों की हड़ताल
बेचारे रोगियों की अकाल मृत्यु?
हमने कहा—नहीं गुरु।
हम आपको बताते हैं
और आँकड़े भी दर्शाते हैं
कि हड़ताल के दिनों में
मृतकों की संख्या
उन मृतकों के आँकड़ों से कम थी
जब डाक्टर हड़ताल पर नहीं थे?
और विश्वास मानिए
डाक्टरों की अनुपस्थिति का लाभ—
उठाकर कई मरणासन्न मरीज—
हफ्तों जिए थे?

गीत से सामूहिक दर्द?

हमें गेंदा का फूल बड़ा प्यारा लगे
नामक गीत जब एक गीतकार ने–
आँख बन्द करके गाया
तो दूसरे गीतकार का हृदय पसीज आया।
उन्होंने बगल में बैठे व्यंग्यकार धूमकेतु जी से पूछा
गुरु आँख बन्द करके गीत गाने का क्या राज है?
धूमकेतु जी बोले–
देखता नहीं मामला सीधा और साफ है
अरे जब यह आँख बन्द कर गीत सुनाते हैं?
तो इनके चेहरे पर उभर आती हैं–
कई आड़ी टेढ़ी भयानक वक्र रेखाएँ
जिन्हें देख कर बच्चे डर के मारे माँ के–
आँचल में छिप जाते हैं।
बुजुर्ग इनका रौद्र रूप देखकर भय खाते हैं।
यूथ, हटाओ हटाओ बोर है, बोर है चिल्लाते हैं?
और हसीन नाजनीनों के खूबसूरत पैरों के सेण्डिल
अपने आप उतर कर हाथों में आ जाते हैं?
इनके बाद भी आँख बन्द करके गीत गाने
का राज तेरे समझ में नहीं आता?
अरे बेचारे से, गीत के कारण श्रोताओं में उपजा
सामूहिक दर्द, खुली आँखों देखा नहीं जाता?

अज्ञात भय

लड़कियों के कालेज में हम झूमझूम कर पढ़ रहे थे कविता!
और कविता की एक एक पंक्ति पर खुल कर दाद दे रही थीं
लड़कियों की नेता मिस बबिता!
थोड़ी देर के बाद वे हमारे पास आयीं
डेढ़ इंच मुस्करायीं
फिर बोलीं गजब करते हो

खूब पढ़ते हो।
मैंने कहा—शुक्रिया।
उन्होंने पूछा—क्या आपने मुझसे कोई सवाल किया?
उनसे हौसला पाकर मैंने कहा—किसी दिन हमारे घर आइए।
वे बोलीं—पहले पता बताइए।
पता बताते ही चौंक कर बोलीं—
आपके साथ जहन्नुम तक जा सकती हूँ
लेकिन माफ करना—
आपके घर नहीं आ सकती हूँ
मैंने पूछा—
प्लीज बताइये क्या मेरे घर में रहते हैं कोई भूत पलीत
या घर के आसपास।
रहते हैं कोई चोर डाकू बदमाश
या आपका कोई भूतपूर्व प्रेमी
खलनायक या इससे भी बड़ी कोई 'भाई' टाइप हस्ती?
लड़की बोली—
नहीं नहीं नहीं,
आपके घर के पहले पड़ती है पुलिसवालों की बस्ती!

प्रकाश 'प्रलय'

जन्मतिथि एवं जन्मस्थान : 18 जनवरी 1952, ग्राम मेख, जिला नरसिंहपुर

पिता : स्व. चौ. रामचरण लाल नेमा

प्रकाशित संग्रह : कलमबम, उठापटक, प्रलय प्रपंच, प्याले में प्रलय, करेला नीम चढ़ा, पुलिया कमजोर है, सैंया भये कोतवाल, खींचतान, जले पर नमक।

कवि सम्मेलनीय मंचों एवं चैनलों पर समय-समय पर काव्यपाठ, मारीशस एवं नेपाल में काव्यपाठ वर्तमान में काव्यसृजन।

सम्पर्क : 28, पी. एंड टी. कॉलोनी, कटनी

मो. : 9425411880

पाँच शब्दिकाएँ

(1)
नवनिर्मित
पुल में
दरार...
रेत
सुरक्षित
सीमेंट
फरार...॥

(2)
अन्त समय में
अब
गंगाजल को
माफी है...
मुँह में
दाल के पानी की
दो बूँदें ही
काफी हैं...॥

(3)
माँ-बाप को
वृद्धाश्रम में छोड़
वैसे ही है,
वो बन्दे....

जैसे
परकटे परिन्दे...॥

(4)

समन्दर की
लहरों से
महज
एक ही सूत्र
मिला है....
कि जीवन,
परिवर्तन का
अकाट्य
सिलसिला है...॥

(5)

पाँच पृष्ठीय
सुख-दुःख की
गहरी
और लम्बी
व्यथा है...
शीर्षक लघु-कथा है...॥

पी.के. 'दीवाना'

पिता का नाम : स्व. श्री पद्‌म सिंह दीवान

जन्मतिथि : 04 नवम्बर 1961

जन्मस्थान : कस्बा मुरादनगर, जिला गाजियाबाद

व्यवसाय : मण्डल रेल प्रबन्धक कार्यालय पूर्वोत्तर रेलवे इज्जतनगर मण्डल जिला बरेली में निजी सचिव के पद पर कार्यरत।

शिक्षा : विज्ञान में स्नातक एवं पत्रकारिता में डिप्लोमा

प्रकाशन : महत्त्वपूर्ण पत्र-पत्रिकाओं एवं स्मारिकाओं में रचनाएँ प्रकाशित।

प्रसारण : आकाशवाणी/बरेली, रामपुर व बरेली दूरदर्शन से रचनाएँ प्रसारित।

स्टोव व्यथा

एक महिला
स्टोव खरीदने दुकान पर पहुँची
एक अच्छे से स्टोव की माँग की
इससे पहले कि
महिला या दुकानदार कुछ बोलता
स्टोव स्वयं बोल पड़ा "सुनो,
तुम बहू हो या सास
पहले मुझे यह बताओ
तभी कहीं लेकर के जाओ।"
महिला सकपकाकर बोली–"क्या मतलब?"
स्टोव बोला–"मतलब-वतलब कुछ नहीं
यदि तुम बहू हो
तो मुझे ले जा सकती हो
और यदि सास हो तो
फौरन यहाँ से दफा हो जाओ
दोबारा अपनी मनहूस सूरत भी न दिखाओ
तुम सासों को
मैं अच्छी तरह से पहचानता हूँ
तुम्हारा क्या प्लान होता है
खूब जानता हूँ
आये दिन अपनी बहुओं को जलाती हो
और इल्जाम हम पर लगाती हो
तुम तो जलाती हो
खिसक जाती हो

यह दर्दीला दृश्य हमको ही देखना होता है
तुम्हें क्या मालूम
हमारा हृदय कितना रोता है।
हमारी तो पहले से ही मार्केट डाउन है
गैस के आ जाने से
महीनों बीत जाते हैं
मिले रसोई खाने से
अब तो हमें कोई पूछता ही नहीं
खाना बनाने के लिए
पूछता है तो सिर्फ
बहुओं को जालने के लिए
याद रखो ठीक नहीं
किसी की बेटी को जला कर यूँ मारना
दहेज की कीमत उसकी जान लेकर उतारना
सोचो, कल तुम्हारी बेटी भी
किसी के घर जाये
भगवान न करे यूँ ही जला कर
मार डाली जाये
तब क्या होगा कभी सोचा है आपने
अरे उसे भी पाला होता है
किसी माँ-बाप ने।
इतना सुनना था कि
महिला की आँखें बहने लगीं
वह रोते-रोते अपना दुखड़ा कहने लगी
बोली—हाँ मैं सब कुछ जानती हूँ
तुम्हारा कहा भी मानती हूँ
किन्तु न तो मैं बहू हूँ और न ही सास
बल्कि अभागन वो माँ हूँ
जिसकी फूल सी बेटी को
ससुराल वालों ने जला कर मार दिया
और जलाने का तुम पर ही इल्जाम दिया
मैं तो तुम को खरीद कर

यह देखना चाहती थी कि
तुम बहुओं को ही क्यों जलाते हो
इतना बड़ा जुल्म कैसे ढाते हो
किन्तु तुमसे मिलकर जान गयी हूँ
हकीकत क्या होती है, पहचान गयी हूँ
काश, इस हकीकत को
ससुराल वाले भी जान जायें
बहू को बेटी की तरह से अपनाएँ।
जिस दिन बहुएँ ससुराल में
बेटी की तरह से अपनाई जायेंगी
मेरा दावा है हिन्दुस्तान की कम से कम
एक समस्या तो कम हो जायेगी।

यथार्थ

एक रोज
हमारे ही रस के रचनाकार
यानि कि हास्य व्यंग्यकार
हमारे घर पधारे
और आते ही बोले–''कुछ नया लिखा रे''
हमने कहा–''हाँ, आज ही एक व्यंग्य लिखा है''
बोले–''सुनो रे''।
उत्सुकतावश जैसे ही हमने
कविता की पहली पंक्ति दागी
अचानक सातवीं इन्द्री जागी
दिल ने समझाया
क्या कर रहे हो भाया
इसे तो बाहर से कवि सम्मेलनों में
बुलाया जाता है
और तुम्हें बरेली वाला ही
बड़ी मुश्किल से बुलाता है
यदि वे तुम्हारी इस रचना को

तुमसे पहले ही बाहर सुना आयेगा
तो वक्त आने पर
तू क्या झुनझुना बजायेगा
हमने दिल का कहना माना
और बना दिया बहाना।
एक रोज ऐसे ही
एक गीतकार से मुलाकात हो गयी
कविताओं के बारे में बात हो गयी
बोले–"हर विधा में लिखो
हो सके तो गीत भी लिखो।"
हमने कहा–"आपसे थोड़ा बहुत सीखा है
आज ही एक लिखा है।"
बोले–"सुनाओ।"
हमने जैसे ही गीत की पहली पंक्ति गुनगुनायी
दिल से फिर आवाज आयी
अरे पागल है,
क्या करने जा रहा है
एक गीतकार को
अपना गीत सुना रहा है
गर तेरा गीत ये कहीं और सुना आयेगा
तो वक्त आने पर
तू क्या झुनझुना बजायेगा।
हमने फिर दिल का कहना माना
और बना दिया बहाना।
इसी तरह
एक दिन एक शायर बोले–
"क्या खाली हास्य-व्यंग्य लिखता है
लिखना ही है तो नज़्म लिखो।"
अशआर लिखो ग़ज़ल लिखो।
हमने कहा–"भला आपके होते हुए
हम कैसे लिख पाएँगे।
वैसे आज ही एक ग़ज़ल लिखी है

इजाज़त हो तो सुनाना चाहेंगे।"
वे बोले–"इरशाद"
तभी दिल ने दिलाया याद
अबे क्या करने जा रिया है
अपनी ग़ज़ल किसे सुनो रिया है
आगे मत बढ़ियो
चने के पेड़ पर मत चढ़ियो।"
हमने दिल का कहना माना
और बना दिया बहाना।
फिर एक रोज
कविता पढ़ते-पढ़ते
मैं नीचे से ऊपर तक पसीने से नहा गया।
क्योंकि इस कविता का असली रचयिता
मेरे सामने आ गया
आते ही बोला–"दूसरों पर आरोप लगा रहा है,
और खुद चोरी की रचना सुना रहा है।
वैसे तू ही क्या
आजकल हर कोई दूसरे के प्रोडक्ट को
अपना बता रहा है
अपना ठप्पा लगा कर माल कमा रहा है।
अरे एक न एक दिन तो सच सामने आ जायेगा
तब झूठ अपना चेहरा कहाँ छुपायेगा।

कुतुबमीनार

एक रोज हमने
कुतुबमीनार को नापने का बीड़ा उठाया
और जाकर अपनी श्रीमती को बताया
श्रीमती बोली–"नापना ही है तो
ताजमहल को नापो
भला कुतुबमीनार को नापने से क्या फायदा
ताजमहल को गर न भी नाप पाये

कम से कम तुम्हारे जैसा आदमी
आगरा तो पहुँच जायेगा।
बरेली में रहते हुए 20 साल हो गये हैं
रत्ती भी फ़रक नहीं आया है
भगवान ही जानता है
तुमको कहाँ-कहाँ नहीं दिखलाया है?''
हमने कहा–
''क्या तुम हमको पागल समझती हो?''
बोली–''इसमें समझने की क्या बात है?
बच्चा बच्चा जानता है
एक तुम ही नहीं मानते
क्योंकि कोई भी पागल अपने को
पागल नहीं मानता है।''
पत्नी की बातों ने हमें झकझोर डाला
हमने बरेली से आगरा तक का
टिकट ले डाला
टिकट चैकर आया
उसके न माँगने पर भी
हमने टिकट दिखाया
टिकट देखकर बोला–''भाई साहब,
यह निर्णय आप ही ने लिया है
या फिर बरेली वालों ने ही रैफर किया है
मेरी राय में प्राइवेट में भी दिखाते
तभी आगरा जाते।''
हमने पूछा–''क्या तुमको भी
हमारा पागल होना नजर आता है''
बोला–
''रेलवे में टिकट लेकर चलना
यही दर्शाता है।''
हमने कहा–''मित्र तुमने सही फरमाया है
सच्चे, मेहनती और ईमानदार आदमी को
आज के दौर ने पागल ही बताया है।''

कुर्सी

हमने
आर्डर देकर कुर्सी बनवाई
बढ़ई ने कुर्सी क्या बनाई
सरकार बना दी
पक कुर्सी में कई पेड़ों की
लकड़ियाँ लगा दीं
हमने कहा—"वाह,
तुमने तो कर दिया कमाल
बढ़ई हो या राज्यपाल/बबाल?"
बोला—"काम की बात पर आइए
कुर्सी कैसी लगी बताइए?"
हमने कहा—"कुर्सी जैसी भी
ठीक है, पर तुम्हारी कारीगरी
पसन्द आयी है
यह बताओ
इतनी तरह की लकड़ियाँ
कहाँ से और कैसे मँगाई हैं?"
बोला—"बाउजी,
पैसा हो तो हर चीज मिल जाती है
बहुत हो न हो
सरकार तक बन जाती है
पैसा कम न पड़ता
तो और भी कमाल दिखाता
आपकी कुर्सी में पर्वतों की
संजीवनी बूटी तक लगाता
खैर जितना बन पाया
उतना ही लगा पाया
सच-सच बताइए
पीस पसन्द आया कि नहीं आया।"
हमने कहा—"समझो

तुम्हारी मेहनत रंग लायी है
कुर्सी वास्तव में पसन्द आयी है
पर तुमने इसकी कीमत
अभी तक नहीं बताई है।"
इसकी कीमत?
कीमत सुनते ही हमारे होश उड़ गये
होश में आने पर देखा
हम अस्पताल के बैड पर पड़े थे
दोस्त रिश्तेदार हमको घेरे खड़े थे
पूछने पर एक ने सारा किस्सा सुनाया
सुनकर समझ ही नहीं आया था
बढ़ई ने कुर्सी की कीमत बताई थी
या एक विधायक का दाम बताया था
हमने जैसे ही बढ़ई का स्मरण किया
चेहरा सामने दिखाई दिया
हाथ जोड़कर बोला—
"बाउजी पैक करवा दूँ"
पास खड़ा डाक्टर बोला—
"अबे चाहता है
बिल्कुल मरवा दूँ
खैर मरना तो इसने है ही
किन्तु इसको तब तक मरने नहीं दूँगा
जब तक अल्ट्रासाउंड मशीन की कीमत
इससे वसूल नहीं कर लूँगा।"
हमने कहा—"जो कुछ भी देखा जाएगा
इसकी गारंटी कितनी है
बताएगा कि नहीं बताएगा?"
बोला—"चलने को तो यह कुर्सी इतनी चलेगी
कि लोग देखते रह जाएँगे
किन्तु एक वादा करें
इस पर किसी नेता को नहीं बैठाएँगे
नेता के बैठते साथ ही

इसकी लकड़ी के कीड़े जाग जाएँगे
जिस तरह से ये देश को खा रहे हैं
वे इसे खाएँगे
खोखली होने से
कुर्सी ज्यादा दिन नहीं टिक पायेगी
जिस तरह से सरकार गिरती है
यह भी गिर जायेगी
फिर उसके लिए आप ही जिम्मेदार होएँगे
अपनी गलती पर रोयेंगे
जिस तरह से मैं रो रहा हूँ
सब रो रहे हैं
किसी न किसी की गलती से तो
आये दिन चुनाव हो रहे हैं।"
आज भी जब भी मुझे
बढ़ई की बातों का ख़याल आता है
मन सोचता रह जाता है
कि आखिर कब तक
नेता नाम का जीव
इस देश में पलता रहेगा
कुर्सी के नाम पर कब तक
देश और देशवासियों को छलता रहेगा।

पेट

एक अस्पताल के
एक ही बैड पर
एक ही मरीज
एक माह के भीतर
जब चौथी बार मुझे मिला
उसे देखकर
मेरी सातवीं सेंस का ऐण्टिना हिला।

मैंने कहा—"मित्र,
या तो तू इस धरती का सबसे बड़ा दुष्ट है
या फिर तुझसे ईश्वर ही रुष्ट है
या फिर अस्पताल का खाना
तुझे बहुत भाता है,
या फिर किसी महिला स्टाफ से
तेरा अन्तरंग नाता है?"
बोला—"भाई साहब,
आपका सोचना शतप्रतिशत सही है
किन्तु आपके प्रति
मेरे भी विचार यही हैं।
क्योंकि जब-जब भी मैं यहाँ आया हूँ
आपको भी तो पाया हूँ।"
मैंने कहा—"बेवकूफ, मैं यहाँ आता नहीं हूँ
बुलवाया जाता हूँ
ऑपरेशन से पहले मरीजों को
अपनी कविता सुनाता हूँ
मेरी कविता सुनकर
मरीज गहरी नींद सो जाता है
एनस्थिसिया का पैसा तो बचता ही है
ऑपरेशन भी आराम से हो जाता है
तू बोल तू क्या कहता है
आये दिन यहीं क्यों पड़ा रहता है?"
बोला—"भाई साहब,
पहली बार आँख में जाला आया था
यहाँ के एक डाक्टर को दिखाया था
जाला तो नहीं गया
आँख चली गयी
आजकल समाजवाद की रोटियाँ सेंक रहा हूँ
सभी को एक आँख से देख रहा हूँ।
और वो डाक्टर का साला

जो था पैदाइशी अन्धा
मेरी एक आँख से चला रहा है
आप्टीकल्स का धन्धा।''
''कुछ दिनों बाद
रुक-रुक कर पेशाब आने लगा
फिर यहीं के डाक्टर को दिखाने लगा
इस बार भी धोखा खा गया
अपनी एक किडनी गँवा गया।
इसी गम में ब्लड प्रेशर बढ़ गया
और एक रोज
दिल का दौरा पड़ गया
होश में आने पर डाक्टर ने बताया
बडे किफायती हो, ग़ज़ब ढा रहे हो
एक आँख, एक किडनी और
एक ही वाल्व से काम चला रहे हो
मित्र, बहुत घबरा गया हूँ
पहले आँख फिर किडनी
और अब दिल का एक वाल्व
गवाँ गया हूँ।''
मैंने कहा—''जब तुझे पता है
तेरे साथ ये सब कुछ होता है
फिर भी तु यहीं क्यों आता है
कहीं और जाकर क्यों नहीं दिखाता है?''
बोला—''अब बचा ही क्या है दिखाने को
पेट के सिवा
सोचता हूँ इसे भी गँवा दूँ
क्योंकि पेट शरीर का एक ऐसा अंग है
जिससे हर कोई तंग है
कोई पेट दर्द से तंग है
कोई पेट अर्द्ध से तंग है
पेट के लिए औरत होटलों में गाती है

पेट के लिए न जाने क्या क्या सह जाती है
पेट के लिए पेट में पेट पल जाता है
पेट के लिए पले पेट को
कोई नहीं अपनाता है
काश, अगर ये पेट न होता
तो हर कोई सुखी होता
कोई न दुखी होता।"

कान्वेंट फोबिया

कान्वेंट में दाखिले के लिए
हमने अपने बेटे को पढ़ाना शुरू किया
और शुरू में ही पूछ लिया–
"सी ए टी?"
बोला–"कैट"
कैट माने?
बोला–"आपको नहीं पता
सब कुछ मुझसे ही पूछते जाओगे
इतना भी नहीं आता तो
आगे क्या पढ़ाओगे?"
हमने कहा–"जुबान मत लड़ाओ
कैट माने बताओ।"
बोला–"गधा"।
हमने पूछा–"कौन?"
बोला–"कम से कम आप तो नहीं
क्योंकि गधे इतने भी गधे नहीं होते
जो अपने मासूम बच्चे से पूछे
हमारे सींग क्यों नहीं होते?"
हमने कहा–
"बेटा, कान्वेंट में दाखिले के लिए
यह सब कुछ जानना बहुत जरूरी है

और आजकल के हालातों में
तुझे कान्वेंट में पढ़ाना मेरी मजबूरी है
हिन्दी मीडियम में पढ़कर भले ही
तू स्नातक, परास्नातक हो जायेगा
किन्तु कान्वेंट एजूकेटेड के सामने
अनपढ़, जाहिल और गँवार ही कहलाएगा
इसलिए मेरे पूत मेरे लाल
मर कर सवाल
मुझे मत सता
कैट माने बता।
बेटा कैट ही क्या
एप्पल से ज़ैबरा तक
विद स्पैलिंग बता गया
दाखिला तो पाना था पा गया
और कुछ दिनों बाद ही
कान्वेंट में जाने लगा
पड़ोस के बच्चों पर
अपना रौब जमाने लगा
रौब जमाने के लिए
उसका परिचय अपने मित्र से करवाया
मित्र ने उसे अपने पास बुलाया
और पूछा—''व्हाट इज योर फादर्स नेम?''
बोला—''कौन से फादर?''
यह सुनकार हमारी श्रीमती के चेहरे पर
छा गयी शर्म की रेखा
मित्र ने बड़े आश्चर्य से देखा
बात पलटने के लिए
हमने बेटे से पूछा—''तुम्हारे कितने फादर हैं''
बोला—''दो''
हमने कहा—''कहो।''
बोला एक आप याने घरवाले
दूसरे स्कूलवाले

यह सुनकर हमारी श्रीमती की
जान में जान आ गयी
किन्तु बेटे को कान्वेंट से
हटाने की जिद लगा गयी
हमने समझाया
किन्तु समझ नहीं आया
हारकर हम फादर से मिले
किये शिकवे गिले
फादर ने भी लाख समझाया
समझ नहीं आना था नहीं आया
चलते चलते हमने फादर से पूछा–
"फार व्हाट इज योर हॉबी?"
सुनकर रह गये हम सन्न
फादर बोले–"नन"।
वाह री अंगरेजी, वाह रे कान्वेंट स्कूल
दाखिला दिला कर हो गयी भूल
धोखा खा गये थे
अंगरेजी में हाथ तंग होने के कारण
"नन" का गलत अर्थ लगा गये थे।

भरत लाल गुप्त

जन्मतिथि : 01 जनवरी 1944, बस्ती, उत्तर प्रदेश।

पिता : स्व. श्री छोटेलाल वैश्य

माता : स्व. श्रीमती रामपती देवी

शिक्षा : एम.एड.

लेखन : गद्य-विधा : कहानियाँ, समीक्षा लघु कथा; काव्य-विधा : हास्य-व्यंग्य, गीत, नवगीत, ग़ज़ल, मुक्तक, क्षणिका, हाइकू, मुक्तछन्द आदि।

रचना सम्मान : 'कहानीकार', 'धर्मयुग', 'मनोहर कहानियाँ', 'सत्यकथा', 'मनोरमा', 'भारतीय रेल' 'दूर्वादल', 'भारती', 'कथाबिम्ब', 'कारखाना', 'महावर', 'लीला अभिव्यक्ति', 'प्रिया', 'भोजपुरी लोक', 'पारख-प्रकाश', 'नालन्दा दर्पण', 'क्रान्तिपुत्र' और 'अट्टहास', 'तुलरी प्रयाग' 'कलमदंश', 'राष्ट्रधर्म' आदि पत्रिकाएँ।

संकलनों में : '1993 एवं 1994 की श्रेष्ठ हास्य-व्यंग्य रचनाएँ', हिन्दी साहित्य निकेतन, बिजनौर से प्रकाशित कविताओं में स्थान, 'दूसरी पीढ़ी के प्रेमगीत', बुन्देलखंड साहित्य परिषद, बाँदा से प्रकाशित गीतों में स्थान, 'कारगिल के शहीदों के नाम—काव्यमय श्रद्धांजलि में', 'एकता की मिसाल'—जे.एम.डी. प्रकाशन नयी दिल्ली।

सम्पर्क-सूत्र : एन-6/2बी-49, इन्दिरानगर कॉलोनी, चितईपुर,
पोस्ट : सुन्दरपुर (बी.एच.यू) वाराणसी-221005

दूरभाष : 0542-317170

क्षणिकाएँ

सुरती

सुरती खाने वालों को
कविता सुनाने में
हम दूना आनन्द पाते हैं
क्योंकि वह हमें
सुरती भी खिलाते हैं
और बार-बार
तालियाँ भी बजाते हैं।

सुनहरे भविष्य की ओर

एक पीली साड़ी वाली के पीछे
वह तीन महीने से
चल रहे हैं,
मना करने वालों से
कहते हैं कि श्रीमान जी
हमें मत रोकिए
हम सुनहरे कल की ओर बढ़ रहे हैं।

पत्रिकाएँ

सरे बाजार पिता ने
पुत्र को डाँटा,

मारा एक चाँटा,
बोले–नालायक
मेरा लिहाज भी नहीं करता है
मेरे ही सामने ढूँढ़ता है–
माया, माधुरी, मनोरमा और मुक्ता।

फिल्मी प्रभाव

फिल्मों का प्रभाव तो
अब प्राइमरी स्कूलों के बच्चों पर भी
साफ नजर आता है
क्योंकि अब कक्षा का एक बच्चा
अ से आम नहीं
अमिताभ बच्चन बताता है।

अंकगणित

विद्यालय के एक छात्र को
अंकगणित जरा भी
नहीं भाता था,
लेकिन रेखागणित में
वह बहुत मन लगाता था।
एक दिन वह पिता से बोला कि
पिता जी अंक गणित को
न समझ पाना मेरी मजबूरी है,
लेकिन रेखागणित को
समझ पाने के लिए
मेरा बम्बई जाना बहुत जरूरी है
दो महीने बाद
पिता ने पुत्र से पूछा–
बेटा तुम्हारे रेखागणित के

प्रश्न कहाँ तक सुलझे हैं?
पुत्र ने उत्तर भेजा–
पिता जी रेखा तो अभी बहुत दूर है
अभी तक तो हम अभिनेत्री बिन्दु में
ही उलझे हैं।

रेखागणित

ज्योमेट्री की कक्षा में
टीचर जी के यह बताने पर
कि समानान्तर रेखाएँ
आपस में कहीं नहीं मिलती हैं
यह सुनकर एक लड़के ने
अपनी साथी से कहा–
चलो यार पता करें कि
ये दोनों कहाँ रहती हैं
दूसरे ने कहा–छोड़ो यार
पता करके क्या करना पहले ने कहा–
क्यों नहीं करना
एक से मैं मिल लूँगा
दूसरी से तुम मिल लेना।

तगड़ा उत्तर

वर्ष के आखिरी दिन
पहली चप्पल पड़ते ही
लड़का भूल गया
सारा शिकवा-गिला
क्योंकि लड़की चप्पल उठाए
पूछ रही थी–फिर कहोगे,
इस साल, अब तक कुछ नहीं मिला।

आधुनिका की प्रार्थना

गाँधी जी राष्ट्रपिता
पर उनके गुरु थे तीन बन्दर
एक दिन अचानक
एक लड़की ने
स्थिति उलट दिया
और गाँधी जी की बजाय उनके
तीन बन्दरों से प्रेरणा लेकर
भगवान जी से मन्दिर में प्रार्थना
किया कि—हे
भगवान जी
अगर मेरी प्रार्थना से खुश होना
तो इन्हीं तीन बन्दरों के
गुणों वाला
एक पति देना।

गुरुत्वाकर्षण

बड़ा ही आश्चर्य हुआ
जब अपने ट्यूटर के साथ
निकल गयी
पड़ोसी की लड़की जमुना,
तब लोग कह रहे थे—
देखिए ये है
गुरुत्वाकर्षण का सुन्दर नमूना।

विदाई

किसी गाँव में
शादी के बाद
एक कन्या

जल्दी विदा ही
नहीं हो रही थी,
बहुत बहुत रो रही थी,
पलट-पलट कर
गले मिल रही थी,
इस कारण बारात को
न हिलता देख
कन्या के पिता ने
कन्या को बुलाया
और बड़े प्यार से समझाया—
कि बेटी अब जल्दी से
विदा हो जाओ
घर के लोग बहुत थके हैं अब वे जरा
सोएँगे
अरे अब तुम क्यों रोती हो
अब तो तुमको
ले जाने वाले रोयेंगे।

आँख की मार

आँख की मार से
वाकई घायल हो गया
वह बेचारा,
क्योंकि उसकी प्रेमिका ने
अपनी पत्थर की आँख चलाकर
उसे ही दे मारा।

मनोज मनोहर

जन्मतिथि	:	20 अगस्त 1949
जन्मस्थान	:	मोटे गाँव (श्रीधाम), नरसिंहपुर (म.प्र.)
कृतियाँ	:	एक मुट्ठी धूप, मसीहे फाँकते हैं, काला कहे सफेद, एक नदी जो मुझमें डूबी।
प्रसारण	:	आकाशवाणी, दूरदर्शन व विभिन्न चैनलों पर काव्यपाठ।
विदेश-यात्रा	:	मॉरिशस, नेपाल।
सम्प्रति	:	सिन्धी उच्चतर माध्यमिक विद्यालय, कटनी।
सम्पर्क	:	पोस्ट बॉक्स नं. 2, कटनी।
मो.	:	9425162617

हिन्दी साहित्य

कालेज के प्रांगण से
क्लास रूम में जाती
छात्रा के हाथों से किताब गिरे
एक छात्र दौड़कर उठाये
किताब थमाते समय
धीरे से छात्रा की अँगुली दबाये
छात्रा भी हलके से मुस्कराये
यानी कि छात्र की वर्षों की साधना सफल हुई,
कि अब हाथ से नहीं जा सकती मुई
फिर दोनों में होने लगी बातें
बढ़ने लगी मुलाकातें
चाँद रातों में जलाने लगा
बसन्त दोनों को तिलमिलाने लगा
रात करवट बदलते बीत जाती
चेहरा आँखों में ऐसा समाया
कि नींद नहीं आती
कुल मिलाकर दोनों का बुरा हाल है।
यह हिन्दी साहित्य का
॥रीतिकाल है॥

खाँसी, खुशी और प्रेम
छिपाये नहीं छिपता
लड़की के पहलवान भाई को
बहिन का व्यवहार बदला बदला लगता

एक दिन पहलवान ने किया पीछा
लड़की तो जा रही थी कालेज
लेकिन पहुँच गयी बगीचा
पूर्व नियोजित कार्यक्रम के अनुसार
दोनों प्रेमी मिले।
चारों ओर मिलन के फूल खिले
आपस में जताने लगे प्यार
पहलवान की समझ में आ गया
बहिन का बदला हुआ व्यवहार
बहिन को धकेला
प्रेमी को दोनों हाथों से ऊपर उठाया
फिर एक लम्बा सा गोल चक्कर लगाया
उठने लगा धूल और बवंडर
जमीन पर पटकते ही
प्रेमी बन गया खँडहर
लात घूँसों की मार भीषण चीत्कार
प्रहार पर प्रहार घनघोर टंकार
चारों ओर मच गया बवाल
यह हिन्दी साहित्य में कहलायेगा
॥वीरगाथा काल॥

फटाफट राखी मँगाई गयी
लड़की द्वारा लड़के की कलाई में
बँधाई गयी
पिटाई ने पुराना रिश्ता तोड़ दिया
दोनों के बीच
एक नया रिश्ता जोड़ दिया
सच्चे प्रेमियों के साथ
यही हुआ है
यह कौन सा नया सवाल है
यह तो हिन्दी साहित्य का
॥भक्तिकाल है॥

अस्पताल में धीरे धीरे
चोटों के जख्म भरे
तो पहिले प्यार के भाव
फिर से होने लगे हरे
पिटाई और राखी वाली बात
भूल गया
प्रेमी फिर से प्रेम के झूले में
झूल गया

एक रात मौका मिलते ही
दोनों हो गये लापता
खूब ढूँढ़ा लेकिन नहीं चला पता
प्रेम रस को वैधानिक रूप से
पीने लगे।
राखी के बाद भी दोनों
वैवाहिक जीवन जीने लगे
समय इस घटनाक्रम पर
रोता है-मुस्कुराता है
हिन्दी साहित्य में यह परिवर्तन
॥आधुनिक काल कहलाता है॥

रेल यात्रा

पत्नी ने कहा—
डाक्टर के पास जाना है
थोड़ा-सा चैकअप कराना है
शाम पत्नी को
डाक्टर के पास ले जाकर
मैंने कहा—दिखाइये
उसने रोनी सी सूरत बनाकर कहा
आप आगे आइये
मेरा तो बहाना था

दरअसल आपको दिखाना था

डाक्टर साब
ये कवि सम्मेलनों में जाते हैं
सप्ताह में
दो दिन के लिए घर आते हैं
महीने में बीस दिन
बाहर रहते हैं
लगातार रेल यात्रा के
वातावरण को सहते हैं
इस बार घर आते ही
कमाल किया
चार फीट चौड़े
पलँग को काट कर
दो फीट का कर दिया
शाम पलँग पर
दरी बिछाते हैं
अटैची को साँकल से बाँधकर
ताला लगाते हैं
तकिये में हवा भरते हैं
चप्पलें सिरहाने रखते हैं
कमरे का ट्यूबलाइट
अलग किया
बदले में जीरो वॉट का
बल्ब लगा दिया

टेप रिकॉर्डर से
अनूप जलोटा का
कैसेट निकाल
रेलवे एनाउंसमेंट
गाड़ी चलने की ध्वनि
घंटी की घनघनाहट

और गरम चाय समोसा की
कर्कश आवाज की
कैसेट लगाते हैं
मूँगफली के छिलके
और बीड़ी सिगरेट के टुकड़े
पलँग के चारों ओर फैलाते हैं
मैं तो रात भर जागती हूँ
और आप आराम से सो जाते हैं

पता नहीं
कैसी जिन्दगी जीते हैं
कप में चाय दो
तो कुल्हड़ में पीते हैं
एक रात
मेहमान आये तो मैंने
इन्हें जगाया
इन्होंने करवट बदली
और मेरे हाथ में
रेलवे टिकट
और पचास रुपये का नोट थमाया
मैंने कहा
ये क्या है?
तो बोले, आप ही रख लेना
रसीद नहीं बनाना
चार रात का जागा हूँ
कटनी आये तो ख़याल से जगाना

पिताजी से
दहेज में मिला सोफा सेट
आधे दामों में बेच आये
बदले में दो लम्बी
सीमेंट की

बेंच खरीद लाये
बेडरूम में लगी
पेंटिंग्स को अलग किया
उनकी जगह
भारतीय रेल आपकी सम्पत्ति है
जंजीर खींचना
अपराध है, लिखवा दिया।

एक रात
इनके पास आकर बैठी
इन्होंने पाँव मोड़े
और कहा—
आराम से बैठिये
डाक्टर साब
बताने में शर्म आती है
पर इलाज कराने में शर्म कैसी
आपसे क्या छिपाना है
इन्होंने मुझसे पूछा—
बहिन जी आपको कहाँ जाना है

डायनिंग टेबल पर
खाना खाने से मना करते हैं
सब्जी प्लास्टिक की थैली में
और पूड़ियाँ
मिठाई के डिब्बे में रखते हैं
फिर अपने
दो फुटिया पलँग पर
बैठ कर खाते हैं
पता नहीं क्यों, बीच-बीच में
हिलते भी जाते हैं

खाली डिब्बों को नीचे फैंक

वहीं हाथ धोते हैं
पानी की कुप्पी
पलँग के पास वाली
खिड़की पर लटकाते हैं
और रेलवे टाइम टेबल पढ़ते हुए
आराम से सो जाते हैं

एक रात
मेरे भाई और पिताजी आये
दोनों इनकी हरकत से लजाये
रात में भाई ने
इनकी अटैची
जरा सी सरकायी
ये चिल्लाये
जंजीर खींचूँ
चोरी करते शर्म नहीं आयी

सुबह सुबह
बूढ़े पिताजी जल्दी उठकर
नहाने जा रहे थे
बालकनी पर
इनके पास वाली
खिड़की से आ रहे थे
पिताजी ने
खिड़की से हाथ डालकर
इनको जगाया
ये गुस्से से चिल्लाये
इस तरह से मत जगाओ
यहाँ कुछ भी नहीं मिलेगा
माफ करो बाबा आगे जाओ
पिताजी आगे गये
तो उन्हें वापस बुलाया

उनके हाथ में अठन्नी दी
और पूछा—कौन-सा स्टेशन आया

इनका अजीब कारनामा
एक पर एक हंगामा है
अभी कबाड़ी के यहाँ से
एक पुराना टेबलफैन मँगाया
छत पर लटके
अच्छे खासे
सिलिंग फैन को उतार कर
उसकी जगह
पुराना टेबलफैन लटकाया
उसको चालू करने
विचित्र तरीका अपनाते हैं
जेब से कंघी निकाल कर
पंखा घुमाते हैं।

सुबह अटैची खोलकर
मंजन ब्रुश साबुन निकाल कर
बाथरूम की ओर जाते हैं
मैं कहती हूँ कि बेटा गया है
तो वहीं लाइन लगाते हैं
समझाती हूँ तो रोकते हैं
हर दो मिनट के बाद
बाथरूम का दरवाजा ठोकते हैं
इन्होंने पूरे घर को
सिर पर उठा लिया है
घर को वेटिंग रूम
और बेडरूम को
रेलवे कम्पार्टमेंट बना दिया है।

डॉ. माणिक मृगेश

पिताश्री : स्वर्गीय गणपति लाल

जन्मस्थान : कैथवाडी, अलीगढ़ (उ.प्र.)

जन्मतिथि : 1 सितम्बर 1952

योग्यताएँ : एम.फिल., पीएच.डी. (हिन्दी भाषा विज्ञान), एल.एल.बी.

अनुभव : उ.प्र. राज्य विद्युत परिषद्, आई.डी.बी.आई., एच.सी.आई., (एअर इंडिया), सिंडीकेट बैंक, इंडियन ऑइल कॉ. लि.।

मान-सम्मान : दैनिक समाचार-पत्रों की भाषा पर सूचना व प्रसारण मन्त्रालय द्वारा 'भारतेन्दु मान पुरस्कार' रो राग्गानित, राजभाषा विभाग व राष्ट्रीय अकादमी द्वारा सम्मानित।
केन्द्रीय विद्यालय वडोदरा की विद्यालय प्रबन्धन समितियों में नामित सदस्य

कृतियाँ : राजभाषा विविधा, समाचार-पत्रों की भाषा, भूमंडलीकरण, निजीकरण व हिन्दी, हास्य-व्यंग्य के रंग, राजभाषा की प्रवृत्तियाँ, अनुप्रयुक्त राजभाषा, तोल तोल के बोल, यथार्थ एवं गीत माला।

लेखन : पत्र-पत्रिकाओं में लेखन तथा दूरदर्शन, आकाशवाणी तथा कवि सम्मेलनों में काव्यपाठ।

स्तम्भ लेखन : मैट्रो टच, गुजराती बोल, दुर्गम खबर एवं हमारा मैट्रो।

सम्पादन : राजभाषिका, उपक्रम भारती, सर्जना एवं इंडियन

ऑयल की पत्रिका अभिधा तथा भारत का पेट्रोलियम परिदृश्य।

पैट्रोलियम शब्दावली (तकनीकी एवं शब्दावली आयोग से प्रमाणित)।

विदेश-यात्रा : ऑस्ट्रेलिया व मॉरीशियस में आयोजित राजभाषा संगोष्ठी में इंडियन ऑयल का प्रतिनिधित्व।

विशेष शोध : दो शोधार्थियों ने पीएच.डी. हेतु शोध कार्य किया है : समकालीन कविता और डॉ. माणिक मृगेश—आगरा विश्वविद्यालय।

राजभाषा के उन्नयन में डॉ. माणिक मृगेश का प्रदेय—गुजरात विश्वविद्यालय।

सम्प्रति : प्रधान सम्पादक, हिन्दी प्रभा (पश्चिमांचल हिन्दी प्रचार समिति)।

अध्यक्ष : पश्चिमांचल हिन्दी प्रचार समिति।

सम्पर्क : 'मृगेशायन', 22-बी, मनोरथ सोसाइटी, न्यू समा, वडोदरा-390024

मो. : 9909019951

ई-मेल : mrigeshmanik@gmail.com

विपक्ष में ही बैठ लूँगी

नयी नवेली दुलहिन से
बोली—उसकी सास,
बहू! मैं इस घर की गृहमन्त्री हूँ,
वित्त मन्त्रालय भी, है मेरे पास
तेरे ससुर, इस घर के विदेश मन्त्री हैं

तेरी ननद के पास,
योजना मन्त्रालय का भार है
और तेरे पति के पास,
खाद्य एवं आपूर्ति मन्त्रालय का
स्वतन्त्र प्रभार है
अब तू बता—तू
कौन-सा मन्त्रालय चाहती है खास,

इतना सुन बहू बोली—पूजनीय सास
ऐसी स्थिति में—मैं,
कोई भी मन्त्रालय ले के क्या करूँगी?
'विपक्ष' में ही बैठ लूँगी।

दूसरी ही अच्छी है

एक नवोदित कवि ने,
दो नयी कविताएँ रचीं
जल्दी से जल्दी

किसी न किसी को सुनाया जाये

पेट में खलबली मची
दौड़ा-दौड़ी नगर के
प्रख्यात खलीफा मंचीय कवि के पास आया
निवेदन फरमाया

उस्ताद मैंने लिखी हैं–
दो बिल्कुल नयी कविताएँ
दोनों में से कौन-सी अच्छी है
आप सुनने के बाद बताएँ

कवि ने पहली रचना सुनाई
सुनने के बाद
खलीफा कवि ने पहले तो जोरदार ताली बजाई
फिर–अपनी प्रतिक्रिया बताई

कि बात बिल्कुल सच्ची है
मित्रवर–
आपकी दूसरी कविता ही अच्छी है

छाता मत ले जाना

एक दिन सौराष्ट्री मित्र भोले,
हम से बोले,
मृगेश जी,
मेला-दशहरा, तीज-त्योहारों के बारे में भी
कुछ जानते हो,
या केवल कवि सम्मेलनों की ही हाँकते हो
अरे मेला तरणेतर जाइए,
जीवन को सरस बनाइए,
हमने कहा ठीक है, मित्रवर जाएँगे

इस मेले की कोई खास खूबी तो बताइए
उन्होंने जो बताई दास्तान
आप भी सुनिए श्रीमान–
इस मेले में
आदिवासी अविवाहित युवक
रंग-बिरंगे सजे-धजे
छाते लेकर आते हैं
पूरे मेले में घुमाते हैं
जो युवती जो तरुणी उनके छाते में
आ जाती है
हमेशा-हमेशा के लिए उनकी हो जाती है
यानी कि परिणय सूत्र में बँध जाती है
इतना सुन, अपन का भी मन ललचाया
और अगले दिन भोर होते ही
मेला तरणेतर* जाने का प्लान बनाया
घर आकर पत्नी को बताया,
कि कल हमें
मेला तरणेतर जाना है
मेले में आये हुए कलाकारों से
एक खास इंटरव्यू लाना है
इतना सुन पत्नी मुस्कराई
ठीक है चले जाना

मगर छाता मत ले जाना

इतना सुन हमारे अरमानों पर फिर गया पानी
अरे इनको
कैसे मालूम पड़ गयी यह राम कहानी
हमने कहा देवयानी

*(गुजरात में हर वर्ष भाद्रपद में 'लोक मेला' तरणेतर (त्रिनेत्रेश्वर) लगता है। उस मेले में इस रस्म के साथ शादियाँ होती हैं।)

सब कर दिया गुड़ गोबर
आप कहती हो
छाता मत ले जाना
और हमने
बहुत बड़े छाते के लिए दिया था ऑर्डर
ताकि दस-बीस युवतियाँ आ जाएँ
जीवन को खूब सरस बनाएँ
मित्रो!
अब आप ही बताएँ
कि इस छाते का हम क्या करें?
कहाँ ले जाएँ, कहाँ घुमाएँ?

माधुरी दीक्षित नज़र आओगी

पर्यावरण दिवस की पूर्व सन्ध्या पर
हम अपनी एक महिला-मित्र के पहुँचे द्वारे
कुंडी खटखटाई
वे बाहर निकल के आयीं
बोलीं–
कहिए मृगेश जी, कैसे पधारे?
हमने कहा–
पर्यावरण दिवस की
शुभकामनाएँ देने आये हैं
डायरी कैलेंडर
और कुछ उपहार लाये हैं

इतना सुन वे बोलीं–
आप भी हो कैसे आदमी
इन चीजों की
हमारे ही यहाँ थी कौन-सी कमी?
लाना था तो, लाते
रिफाइनरी में काम करते हो

पाँच लीटर पेट्रोल ले आते।
एक सप्ताह एक्टिवा चलाती,
पर्यावरण दिवस की शुभकामनाएँ
आपको भातीं, मुझे भी भातीं
हमने कहा—मेडम!
हम पेट्रोल बनाते हैं, अपनाते नहीं
अगर हलवाई अपनी मिठाई
खुद ही खा जाये
तो उसके बाल बच्चों को
कौन पढ़ाये, कौन लिखाये

खैर! मैं अपनी बताता हूँ
मैं तो राजाना साइकिल चलाता हूँ
अगर आप कहें तो आपको भी दिलवा दूँ
एक सप्ताह साइकिल चलाओगी,
माधुरी दीक्षित नज़र आओगी

उनको हमारी ये बात भा गयी
एक्टिवा छोड़ साइकिल पे आ गयी
मित्रो,
पर्यावरण हित में आपसे भी
हमारा अनुरोध है कि—
हमारे फार्मूले को अपनाइए
तेल बचाइए, तेल बचवाइए

पार्क की सैर

सेवानिवृत्ति के बाद
क्या करें बैठे ठाले
सोचा क्यों न कर दें
अपने को प्रकृति के हवाले

सवेरे
नजदीक पार्क की सैर
शाम को साइकिल घुमाएँ
समय काटें, स्वास्थ्य बनाएँ
हम पहले दिन पार्क पधारे
वहाँ सैर करने वालों के
देखने को मिले अजब नजारे

एक या दो
एंटी कलॉक वाइज़
तो अधिकांशतः
क्लॉकवाइज़ चक्कर लगा रहे थे।
कुछ पार्क की बेंचों पर
बैठे-बैठे ही
चक्कर लगानेवालियों को निहार रहे थे।
हम एंटी क्लॉकवाइज़
मन्थर गति से जा रहे थे।
सामने से एक पहलवान जी आँखें बन्द कर
मेडीटेशन की मुद्रा में
तेजी से बढ़े आ रहे थे।

हमने ताली बजाई,
नींद खुली, गलती समझ में आयी
एक महिला जिन्होंने
चलना क्लॉकवाइज़ किया
और धीरे-धीरे
गरबा करते-करते
हमारी लाइन में प्रवेश कर लिया।

एक भाई साहब
पी.टी. करते हुए
तेजी से बढ़े आ रहे थे।

डर के मारे अन्य सैरार्थी
50-50 मीटर पीछे चल रहे थे।

आगे से पाँच सन्नारियाँ
एक ही लाइन में
कर रही थीं कामवालियों की बुराइयाँ
तो पीछे से कौन बनेगा प्रधानमन्त्री की
चर्चा करते हुए पुरुषों की टोली आ रही थी
पीछे-से जय माता दी की बोली आ रही थी
एक भाई साहब चक्का फेंक की मुद्रा में
अपने सीधे हाथ को बार-बार घुमा रहे थे
दूसरे भाई साहब चौका जड़ने की फिराक में थे
पार्क के बीचों-बीच कुछ बुजुर्ग
बनावटी हँसी
के ठट्ठे मार रहे थे
अपने बपचन के दिनों को
याद कर रहे थे।
कभी हम भी वास्तव में ऐसे ही
हँसा करते थे।
अब बच्चों ने वास्तविक हँसी से
बहुत दूर कर दिया है
और बनावटी हँसी
हँसने के लिए मजबूर कर दिया है।
सैर करो या मत करो
लेकिन पार्क के नियमित दर्शन जरूर करो
रंजन करो रसरंजन करो
मनोरंजन करो, चितरंजन करो
नित ताजगी से भरपूर रहो,
घर के झंझट से कुछ पल तो दूर रहो।

डाकू और वोट

एक भूतपूर्व
अभूतपूर्व डाकू ने
लोकसभा चुनाव के दौरान
प्रधान पद के दावेदार
एक पार्टी विशेष के
नेता विशेष के लिए
घर-घर जाकर वोट माँगा
तो
पत्रकारों ने प्रश्न दागा
आपको इस उम्र में,
और अब भी
ऐसा करते हुए लगता है अच्छा
डाकू बोले–
अच्छा वच्छा तो नहीं लगता
मगर
हर आदमी की होती है दिली इच्छा
कि अगर
उसी के ही परिवार का कोई सदस्य
मुखिया चुना जाए, तो बहुत अच्छा।

शिल्पा शेट्टी का अपमान

लन्दन में शिल्पा शेट्टी के साथ
रंग भेद के आधार पर
हुए अपमान पर
एक पत्रकार ने
हम से प्रश्न किया,
आपकी क्या है
इस प्रकरण पर प्रतिक्रिया

हमने उत्तर दिया,
जब हमारे देश में रोजाना—
जाति के नाम पर होते हैं अत्याचार
मन्दिरों के बन्द हैं प्रवेश द्वार
बहू-बेटियों के साथ—
होते हैं सामूहिक बलात्कार
पग-पग पर किया जाता है—
अवर्णनीय तिरस्कार

ऐसे अपमानों से
देश का अछूता न कोई कोना है
भाई साहब
इन अपमानों के सामने
शिल्पा शेट्टी का अपमान तो
बहुत ही बौना है

जिस दिन हमारे देश में
जाति धर्म और प्रान्त के नाम पर
किसी तरह का भेदभाव नहीं होगा
उस दिन
शिल्पा शेट्टी के साथ अपमान
हमाने लिए
राष्ट्रीय अपमान का विषय होगा।

खिलाड़ी और नीलामी

पढ़कर अखबार में,
खिलाड़ियों की नीलामी का समाचार
पत्नी बोली—
क्योंजी—
क्यों कवियों के लिए
नहीं लगता है ऐसा कोई बाज़ार

हमने कहा–
वैसे तो लगता नहीं
यदि लगा–तो चलेगा नहीं
क्योंकि–कवि
भूखा रहता
भूखा रह सकता है
भूखा रहेगा
लेकिन–पैसे के लिए
न कभी बिका है–न कभी बिकेगा।

हे द्रोणाचार्य

हे द्रोणाचार्य!
अगर आप मुझे
अच्छे स्कूल में प्रवेश दिलाएँ
अन्य विद्यार्थियों जैसी
सुविधा कोचिंग दिलवाएँ
उसके बाद मेरी परीक्षा लेना
यदि फिर भी मैं
अन्य विद्यार्थियों से पीछे रह जाऊँ
तो अँगूठा नहीं मेरा सिर माँग लेना
खुशी खुशी दे दूँगा
हे द्रोणाचार्य!
हे द्रोणाचार्य!
हे द्रोणाचार्य!

ओलम्पिक और मटकी फोड़

जिस दिन मटकी फोड़
यानी दही-हांडी को
ओलम्पिक खेलों की सूची में
जोड़ लिया जाएगा

उस दिन एक पदक तो
हमारा पक्का हो जाएगा
और जिस दिन
हेराफेरी, रिश्वतखोरी,
भाई-भतीजावाद, ढोंग,
अन्धविश्वास एवं पाखंड जैसे
करतबों को भी खेलों की सूची में
जोड़ लिया जाएगा
उस दिन सारे स्वर्ण पदक
हमारा देश ही जीत के लाएगा।

दोहे विविध रंग के

वैचारिक दोहे

खान-पान परिधान हैं, बिल्कुल निजी पसन्द।
जाति-धर्म औ प्रान्त से, ना कोई सम्बन्ध।।

बच्चा जब पैदा हुआ, था वह बिल्कुल नग्न।
समाज ने चिपका दिए, जाति-भेद के चिह्न।।

सन्त-फकीरों ने कहा, जीवन है नश्वर।
मरना तो निश्चित है, हँस-हँसाकर मर।।

सभी मजों से दूर हैं, अलमस्ते मज़दूर।
बिना नींद की गोलियाँ, सोते हैं भरपूर।।

जीते जी रोटी नहीं, मरने पर हरिद्वार।
ऐसे ही ज्यादा मिले, हमको श्रवणकुमार।।

जिस दिन शिक्षा का जुड़ा, व्यापारी से तार।
उसी दिवस से हो गया, इसका बंटाधार।।

आरक्षण समस्या का, है सरल समाधान।
शिक्षा, सुविधा सभी को, बिल्कुल एक-समान।।

ज्यादा जीने की करो, काहे मित्रो आस।
अल्पायुओं ने ही रचे, ज्यादातर इतिहास।।

कब किस रंग में रंग दे, पता न वो रँगरेज़
निस्तेजित पल में किया, तेजपाल का तेज।।

धर्म का यहाँ तक हुआ, अवमूल्यन प्रत्यक्ष।
धर्मशाला में हू मिले, जाति धर्म पर कक्ष।।

बच्चा आया गर्भ में, जिस क्षण इस संसार।
उसी वक्त से सोच का, पैमाना तैयार।।

मानव की न चाहिए, कभी न बुझनी प्यास।
रुक जाए इस सृष्टि का, वरना सतत विकास।।

सोशल मीडिया

फेसबुक पर लाइकों का है समीकरण विचित्र।
विचार को तो कम मिलें, ले जावे सब चित्र।।

मेरे घर के सामने, रहते थे श्री समरेश।
फिर भी वाट्सएप पर, देता मैं सन्देश।।

फेसबुक पर मेरे हुए, लगभग मित्र हजार।
पड़ोसी को प्रणाम नहिं, अब तक एकहु बार।।

आमन्त्रण के कार्ड तक, जो कर देते पोस्ट।
दमदार नहीं शब्द हैं, उन पर समझो दोस्त।।

सुबह चाय के साथ में पढ़ते थे अखबार।
अब वाट्सएप पर लिखें, शुभ प्रातः नमस्कार।।

समय बिताने के लिए, विविध तन्त्र और खेल।
एफ.बी. के सामने, हो रहे सारे फेल।।

सोशल मीडिया से बढ़े, भारी प्रेम लगाव।
इसके कारण ही बढ़े, ईर्ष्या, द्वेष, तनाव।।

विविध दोहे

नेताओं के बोल पर, होना चाहिए शोध।
ओज माधुर्य व्यंजना, अनुपम सौन्दर्य बोध।।

नेताओं के द्वन्द्व में, क्यों पड़ते हैं आप।
आज काँग्रेस कल भाजपा, परसों बसपा साथ ।।

ज्यों-ज्यों मानव ने करी, प्रकृति से खिलवाड़।
भूकम्प-सुनामी-प्रलय, और कहीं पर बाढ़।।

बार बार भी पढ़ जिसे, अर्थ समझ न आये।
असली कविता है वही, आलोचक की राय।।

राजभाषा का तब बढ़े, और अधिक सम्मान।
शीर्ष अदालत में मिले, संवैधानिक स्थान।।

जिस दिन शिक्षक की खुली, ट्यूशन की दूकान।
उसी दिवस से घट गया, मान और सम्मान।।

डॉ. मुकेश गौतम

शिक्षा : एम.ए. (हिन्दी), पीएच.डी.। परिवहन प्रबन्धन में डिप्लोमा। हिन्दी के अतिरिक्त, मराठी, अंग्रेजी, पंजाबी, गुजराती भाषा की जानकारी। देश-विदेश में हास्य-व्यंग्य कवि के रूप में प्रसिद्ध। टेलीविजन के अनेक कार्यक्रमों, एक फिल्म एवं कुछ विज्ञापनों में अभिनय। साहित्यिक-सांस्कृतिक कार्यक्रमों के संचालक एवं संयोजक।

कविता संग्रह : अपनों के बीच, सतह और शिखर, वृक्षों के हक में, सच्चाइयों के रू-ब-रू। पुस्तक 'वृक्षों के हक में' को वन एवं पर्यावरण मन्त्रालय, भारत सरकार का 'राष्ट्रीय मेदिनी पुरस्कार'। पुस्तक 'सच्चाइयों के रू-ब-रू' को महाराष्ट्र राज्य हिन्दी साहित्य अकादमी का 'संत नामदेव पुरस्कार'। पुस्तकें मराठी, अंग्रेजी एवं तमिल में भी अनुवादित।

सम्प्रति : भारतीय रेल में कार्यरत

सम्पर्क : 9619582408/9869181976

ई-मेल : mukeshgautam70@gmail.com

दान

तुमने
अपने द्वार पर
खड़े भिखारी को
बेकार पड़े गन्दे कपड़े,
बासी खाना,
सड़े फल दिए!
मैं समझ नहीं पाया
यह 'दान' है
या
घर का
'सफाई अभियान' है।

सुहागरात

एक कवि और कवयित्री ने
आपस में शादी रचाई
सुहागरात पर घूँघट उठाते ही
दूल्हे ने दुल्हन को छह ग़ज़ल सुनाई।
फिर दुल्हन ने पाँच गीत, चार रुबाई
फिर दूल्हे ने नये गीत सुनाये
दुल्हन ने भी कुछ पुराने गीत गुनगुनाये
दोनों का कवि-सम्मेलन रात भर चला
दोनों ने एक-दूसरे को खूब दाद दी

दोनों को सुबह याद आया कि
आज तो उनकी सुहागरात थी।

बीबी

महीनों बाद
मायके से लौटी बीवी को
रिसीव करने के लिए स्टेशन गया
तो गाड़ी से उतरती बीवी को देखकर
मैं जरा भी नहीं मुस्कुराया।
पत्नी गुस्से में बोली–
आखिर हमारे बीच है
पति-पत्नी का नाता,
मुझे थोड़ा हँसकर रिसीव कर लेते
तो आपका मन घिसकर आधा तो न रह जाता!
अब उन सामने वाले भाई साहब को देखो,
अपनी बीवी से कैसे हँसकर बतिया रहे हैं
उन्हें देखकर मेरे दिल के टुकड़े हुए जा रहे हैं
मैं बोला भागवान,
उस भाई साहब के चेहरे पर
हँसी का बादल इसलिए छाया है
क्योंकि वह मायके जा रही अपनी बीवी को
सी-ऑफ करने आया है।

बदलाव

पहले वह कुख्यात डाकू थे
अब मन्त्री हैं।
पहले वह पुलिस से भागते फिरते थे
अब उनकी सुरक्षा को
सैकड़ों सन्तरी हैं।
हमने उनसे पूछा–
'नताजी आप में इतना बदलाव कैसे आया?'

वह बोले, 'कैसा बदलाव?
जब मैं डाकू था, मेरे कपड़ों का रंग एकदम काला था
अब एकदम उजला है,
दोस्त हमने अपना काम नहीं छोड़ा
बस काम करने का तरीका बदला है।'

इन्सानियत

मंगल तक की
यात्रा कर ली हमने
चाँद पर भी
चहलकदमी कर रहा है इन्सान
परन्तु 'इन्सानियत'?
वह तो कब की हो गयी
'ईद का चाँद'

एंबुलेंस

नेताजी ने
एंबुलेंस का उद्घाटन किया
इस अवसर पर उन्होंने
एक भाषण दिया!
बोले–
हम चाहते हैं आपका यह एंबुलेंस
हमेशा मरीजों को भर-भर कर अस्पताल पहुँचाए
आज आपकी संस्था के पास एक एंबुलेंस है
कल आठ-दस हो जाए।

मतदाता

औसत कद
काला रंग

धँसी हुई सी आँखें
न जाने दिन भर
क्या बड़बड़ाता था?
क्या पकाता
क्या खाता था?
गाँव के अधिकतर लोग
नहीं बतियाते थे उससे
एक दिन मैंने
गाँव के चौधरी को
उससे मीठी बातें करते देखा
मैं हैरान था
फिर कारण जाना–
तीन दिन बाद गाँव में पंचायत का चुनाव था
और मतदाता सूची में उसका भी नाम था!

सरदार रतन सिंह 'रतन'

पिता : स्वतन्त्रता सेनानी स्व. स. बन्टू सिंह

माता : स्व. श्रीमती कलावती देवी

जन्म : 31 दिसम्बर 1938, ग्राम रन्हेरा, जिला गौतमबुद्ध नगर (उ.प्र)

शिक्षा : स्नातक

लेखन विधाएँ : हास्य-व्यंग्य एवं वीर रस

प्रकाशित कृतियाँ : लालकिले की प्राचीरों से (ओजपूर्ण कविताओं का संकलन), घटनावली (हास्य व्यंग्य), डेली पैसेन्जर (हास्य व्यंग्य), सतुगुरु महिमा (धार्मिक काव्य)

काव्य उपलब्धियाँ : तत्कालीन केन्द्रीय गानव रांराधन मन्त्री अर्जुन सिंह द्वारा सम्मानित; संस्कार भारती द्वारा हास्य शिरोमणि सम्मान से अलंकृत; अम्बेडकर फैलोशिप भारतीय दलित साहित्य अकादमी दिल्ली द्वारा सम्मानित; देश के अधिकांश टी. वी. चैनलों एवं आकाशवाणी पर काव्य-पाठ का अनेक बार प्रसारण; हिन्दी भाषा सप्ताह समारोह में दो बार नेपाल में काव्य-पाठ; भारत वर्ष के अधिकांश अखिल भारतीय स्तर के हिन्दी कवि-सम्मेलनों में सफलतम काव्य-पाठ; लालकिला कवि सम्मेलन में अनेक बार काव्य-पाठ; जैन समाज मेरठ, हस्तिनापुर एवं श्री महावीर जी द्वारा विशेष सम्मान; राष्ट्र भाषा दिवस के उपलक्ष्य में क्रमशः हिन्दी साहित्य

सम्मेलन मेरठ एवं श्री पुरुषोत्तम दास टण्डन हिन्दी भवन समिति द्वारा नागरिक अभिनन्दन; अनेक हिन्दी साहित्य से जुड़ी सामाजिक संस्थाओं का संचालन; पानीपत सांस्कृतिक मंच द्वारा 'काव्य रत्न' से सम्मानित; काव्यसागर साहित्यिक मंच द्वारा 'अमरशहीद भगत सिंह सम्मान' से अलंकृत; तत्कालीन केन्द्रीय सूचना एवं प्रसारण मन्त्री प्रमोद महाजन द्वारा ऊधम सिंह सम्मान से पुरस्कृत।

नयी स्टेनो

नयी स्टेनो जब, ऑफिस में आयी तब,
ऑफिस के लोग हाय, हाय करने लगे।
सीनियर भी जूनियर से, बनके दिखन लगे,
आते जाते टाटा, बाय बाय करने लगे।
बूढ़े अधिकारी में खुमारी सी चढ़न लगी,
नयी पैण्ट-शर्ट, यूज टाई करने लगे,
झुर्रियाँ छिपाने क्रीम पाउडर लगाने लगे,
बुढ़ापा छिपाने बाल डाई करने लगे।।

जुगाड़ (क्लिंटन-अटल संवाद)

अमरीका प्रवास में ही, अटल निवास जाकर,
क्लिंटन ने धीरे धीरे शुरू आड़ काड़ की।
मेरा अमरीका शक्ति केन्द्र है, सभी का,
समस्या नहीं है कोई, भूकम्प सूखा बाढ़ की।
जंग का सामान, यान युद्धक विमान ले लो,
मिसाइल भी ले लो चाहे पाक के उजाड़ की।
जूलॉजी, बोटोनी सारी टेक्नोलॉजी लीजिए पर,
हमें टेक्नोलॉजी सिर्फ दीजिए जुगाड़ की।

अटल उवाच

अटल बिहारी बोले बाल ब्रह्मचारी हूँ मैं,
नारी तो नहीं हूँ जो डरूँगा छेड़ छाड़ से।

भारत महान मेरा प्राण से भी प्यारा मुझे,
कम्पित न होता जो भूकम्प सूखा बाढ़ से।
पाक के इरादे हैं, नापाक चूर चूर हुआ,
गीदड़ सा हूक रहा मेरी इक दहाड़ से।
पर तकनीकी जुगाड़ की मैं दे नहीं सकूँगा क्योंकि,
मेरी सरकार चल रही है इस जुगाड़ से।

पहन ली जनानी सलवार रामदेव ने

जनता जगाने काले धन को माँगने हेतु,
दिल्ली में लगाई हुंकार रामदेव ने।
उनके दीवाने, मर्दाने व जनाने आये,
जनता बुलाई थी अपार रामदेव ने।
नारे जयकारे पूरे देश ने पुकारे तब,
जनता से पाई जयजयकार रामदेव ने।
हुई जब पिटाई, जान मुश्किल बचाई तब,
पहन ली जनानी सलवार रामदेव ने।

मुझको बचाने सौ जवान कूद जाएँगे

पति-पत्नी व अम्मा गंगा में नहाने चले,
पति बोला तीनों एक साथ नहीं नहायेंगे।
भाग्य या दुर्भाग्यवश आप दोनों डूब गयीं,
हम हैं अकेले, किस किस को बचायेंगे।।
पत्नी ने कहा नाथ, चिन्ता मेरी छोड़ देवो,
अव्वल तो हम कहीं डूब नहीं पायेंगे।
डूबने लगे तो आप अम्मा को बचाना खुद,
मुझको बचाने सौ जवान कूद जायेंगे।।

राजेन्द्र मालवीय उर्फ़ आलसी

जन्मस्थान : इटारसी

प्रकाशन : अपन गये ही नहीं

प्रसारण : दूरदर्शन व आकाशवाणी से सैकड़ों बार। मंच के अद्भुत कवि। देश-विदेश में काव्य-पाठ।

सम्पर्क : 95, तिरुपतिनगर, इटारसी (म.प्र.)

मो. : 094250-39712

ई-मेल : aalsikavi2@gmail.com

आलसी न.1

अपन विश्व के
सबसे बड़े
आलसी हैं
काम के नाम पर
कुछ करते ही नहीं हैं।

अभी क्या हुआ
हमारे गाँव में
अन्तर्राष्ट्रीय आलसी
अधिवेशन हुआ था।

दुनिया-भर के
आलसियों ने
उसमें भाग लिया,
अपन गये ही नहीं।

तो आयोजकों ने
शिकवा किया
न गिला,
पहला पुरस्कार
अपन को ही मिला।

आलसी न.2

एक बार मैं
नाई की
दुकान पर गया

और अपनी
आदत के अनुसार
गर्दन झुकाकर
बैठ गया,

और नाई से बोला—
यार,
तू दाढ़ी बना दे,

नाई बोला—साहब
सर
तो ऊपर करो

तो मैंने कहा—यार
तू बाल ही बना दे।

आलसी न.3

पड़ोसी
कई दिनों तक
सलाह देता रहा
बोला—मालवीय जी
आप शादी कर लो।

मैंने कहा—
यार,

अपन आलसी
आदमी हैं
अपने से ये
जवाबदारी
निभेगी नहीं।

वो बोला–
घबराने की
क्या बात है
हम तो हैं।

मैंनें उसके कहने से
शादी कर ली।

आलसी न. 4

बहुत सारे नेता
हमारे गाँव में आये

और गाँव वालों से
बोले–
कोई समस्या हो
तो बताओ।

तो गाँव वाले बोले–
समस्या तो
कोई नहीं है,
बस ये एक
आलसी है
पेड़ पर पड़ा है
नीच नहीं उतर रहा है
इसे उतार दो।

तो वो मेरे पास
आये
और बोले—
नीचे उतर।
मैंने कहा—
मैं नहीं उतरूँ
मैं तो आलसी हूँ

तो बोले—
जब तू आलसी है
तो पेड़ पर
चढ़ा कैसे?

मैंने कहा—
मैं पेड़ पर कहाँ
चढ़ा था,
मैं तो जमीन पर
पड़ा था।

मुझे क्या मालूम
कि नीचे एक
बीज गड़ा था।

मुद्दतों बाद
होश आया
आँख खुली
तो यहाँ पाया।

भरोसेमन्द है शराबी

शराबी का कोई

भरोसेमन्द है शराबी

शराबी का कोई
भरोसा नहीं
शराबी का कोई
भरोसा नहीं
शराबी का कोई
भरोसा नहीं,
दुनिया-भर के लोग
यही कहते हैं।

फिर मेरी समझ में
यह नहीं आता
कि शराब के ठेकेदार
करोड़ों रुपये का
शराब का ठेका
किसके भरोसे पर लेते हैं।

दान का दिखावा

यह जानकर
मेरी बुद्धि चकराई

कि
कल अस्पताल में
मरीजों को
एक संस्था ने
फल वितरित किये

और
आज अखबार में
उसकी फोटो ही नहीं आयी।

डॉ. राजेन्द्र पटोरिया

जन्म : 4 दिसम्बर 1944, छिन्दवाड़ा (मध्यप्रदेश)।

शिक्षा : एम.कॉम. एम.ए., एल.एल.बी., बी.जे., राष्ट्रभाषा रत्न, पीएच.डी.

प्रकाशित पुस्तकें : मुड़ाओ मूँछ लगाओ पूँछ (व्यंग्य संग्रह), खरी खरी (व्यंग क्षणिकाएँ), डॉ. आम्बेडकर चित्रमयी जीवनी, मुक्तगिरी एक तीर्थ क्षेत्र, जड़हीन दरख्त (कविता संग्रह), आज़ादी के तराने (दो खण्डों में), 50 क्रान्तिकारी, हमारे क्रान्तिकारी विचारक (भाग-1), भारत के क्रान्तिकारी (भाग-2), आज़ादी के दीवाने (भाग-3), नेकी कर जूते खा (व्यंग्य लेख संग्रह) **यह पुस्तक महाराष्ट्र राज्य हिन्दी साहित्य अकादमी द्वारा आचार्य रामचन्द्र शुक्ल पुरस्कार से पुरस्कृत।**

सम्पादित पुस्तकें : पाँच पुस्तकें सम्पादित।

लेखन : पिछले 50 वर्षों से निरन्तर लेखन। देश की विभिन्न पत्र-पत्रिकाओं में लेख निबन्ध, शोध-निबन्ध, व्यंग्य लेख, व्यंग्य कविताएँ, क्रान्तिकारियों की जानकारी आदि प्रकाशित। जिसमें 10 शोध निबन्ध, 50 लेख, 200 व्यंग्य लेख, 200 कविताएँ एवं 3000 व्यंग्य क्षणिकाएँ प्रकाशित।

सम्मान : राष्ट्रीय हिन्दी अकादमी (रूपाम्बरा), अ.भा. दलित साहित्य अकादमी अस्मिता दर्शी साहित्य अकादमी, भारतीय संस्कृति संस्थान, मध्यप्रदेश

साहित्य सम्मेलन, भारत सरकार के मन्त्रालय, अनेक साहित्यिक संस्थान, महाराष्ट्र राज्य हिन्दी साहित्य अकादमी, सांस्कृतिक, सामाजिक, खेलकूद आदि लगभग 100 से अधिक संस्थाओं द्वारा सम्मानित।

खेलकूद : नेशनल वेटरन एथलीट मीट में 10 कि.मी. तेज वाल में द्वितीय, इंटरनेशनल मीट में 3 कि.मी. तेजचाल में हांगकांग में द्वितीय, दोनों में रजत पदक से सम्मानित। मलेशिया (कुआलालम्पुर) में आयोजित इंटरनेशनल वेटरन एथलीट मीट में स्वर्ण पदक।

अन्य : देश के सबसे बड़े सार्वजनिक उपक्रम कोल इंडिया लिमिटेड की प्रतिनिधि हिन्दी पत्रिका खनन भारती के सम्पादक रहे हैं।

केन्द्रीय हिन्दी सलाहकार सदस्य, सूचना एवं प्रसारण मन्त्रालय, भारत सरकार।

राष्ट्रीय पुस्तक मेला समिति, दिल्ली के समन्वयक।

सदस्य : महाराष्ट्र राज्य हिन्दी साहित्य अकादमी, सांस्कृतिक मन्त्रालय, मुम्बई।

सम्पर्क : आजाद चौक, सदर, नागपुर-440001 (महाराष्ट्र)

मो. : 09421779906

बच्चा परेशान है

आठ साल के
बच्चे की ललचायी नजर
जब कभी भी
स्कूल के ब्लैक बोर्ड
पर जाती है
तो उसमें उसे
अक्षर नहीं
तस्वीर नजर आती है
खड़ूस होटल के
मूँछ वाले
मटके सा चेहरे वाले
मालिक की।
जिसकी आँखों में
चिंगारी व हाथ में
हिलती हुई लकड़ी
मारने को
उठी हुई टाँग
नजर आती है
बच्चा
मुँह मोड़ लेता है
मन ही मन
खाता है कसम
अब कभी नहीं जाऊँगा
स्कूल के पास
न ही देखूँगा

ब्लैक बोर्ड को
जो इतना विकृत है।

वे इक्कीसवीं सदी में जा रहे हैं?

इक्कीसवीं सदी में
जाने का ढोल बजाया
जा रहा है।
कच्ची उम्र की बच्ची
जिसे माहवारी का
मतलब तक नहीं मालूम
पूरी रात उसके साथ
थाने में
सांस्कृतिक कार्यक्रम
मनाया जा रहा है।
खेलने कूदने के दिन वाले
बच्चे
कचरों के ढेर से
प्लास्टिक, कागज आदि
उठा रहे हैं
दिन भर बीनने के बाद
दो रुपये पा रहे हैं
हम इक्कीसवीं
सदी में जा रहे हैं।
झुग्गियों से निकलकर
हाथ में डिब्बा लिए
नवयुवती
सकुचाती, नजर छिपाये हुए
शौच को
मैदान में जा रही है।
सरकार उसे
इक्कीसवीं सदी में जाने की

बात बतला रही है
सरकारी अस्पताल में
नौजवान बिना दवाइयों के
अभाव में तड़पा जा रहा है टी.वी. पर नेता का
भाषण आ रहा है
हम इक्कीसवीं सदी में
जा रहे हैं।

बँधुआ बालक

ट्रक ढाबे पर रुकता है,
ढाबे में काम करने वाले
बालक के मुरझाये मुख
पर एक हलकी सी चमक
दिखाई देती है।

ड्राइवर चिल्लाता है,
किशोर पानी लेकर दौड़ा आता है
गालियाँ सुनता है
और हाथ-मुँह धुलाता है।

ड्राइवर भूखा है
जल्दी से खाट बिछाता है
उस पर पटिया जमाता है
पानी और प्याज-मिर्च की प्लेट लाता है।

ड्राइवर जब तक पीता है
वह दौड़-दौड़ कर रोटी-दाल और मटन
परोसता है।
रोटी ठण्डी होने पर गाली खाता है
पर हर रोटी दौड़ दौड़ कर लाता है।

ड्राइवर डकार लेकर
पेट पर हाथ फेरते हुए
मुस्कराता है।
टिप की आशा में
किशोर के उदास और विराम चेहरे
पर रौनक दिखाई देती है,
वह कुछ खोजता है,
तभी
"हरामजादे जूठी प्लेट और प्याली
क्या तेरा बाप उठायेगा?"
पीछे से मालिक गुर्राता है
लड़का फिर मशीन की तरह
काम में जुट जाता है,
हर ग्राहक को इसी तरह
दौड़-दौड़ कर
गरम-गरम खिलाता है।

और खुद बचे-खुचे ठण्डे
रोटी के टुकड़ों को तब खाता है,
जब उनींदी आँखें
उसे समझने नहीं देतीं कि
उस पर नींद हावी है
या भूख की मार भारी है।

तीस रुपये महीने
और दो वक्त के खाने में
अपने सपने देखने की उम्र
बिताता है।

गिरवी रखे माल की तरह
रेहन होकर रह जाता है।
आधी रात रहे उठता है,

आधी रात गये सोता है।

गालियाँ खाकर सोता है,
गालियाँ खाकर ही उठता है,
देश बाल दिवस मनाता है,
बालक जूठन उठाता है।

विश्व अन्तर्राष्ट्रीय बाल दिवस
मनाता है।
बालक सिगड़ी के कालिख से
चन्द्रग्रहण सा मुँह लिए
बर्तन साफ करता नजर आता है।

घटता है घटने दो

जब होता रहा महिलाओं पर बलात्कार
जब नंगी घुमाई गयी अबला
जब नौजवान के दोनों हाथ काट लिए गये।
जब फोड़ दी गयी आँखें
जब जला दी गयी जिन्दा लाशें
जब दुधमुँहे बच्चे का घोंट दिया गया गला
जब धर्म के नाम पर दी गयी नरबलि
जब होता रहा हरिजनों पर अत्याचार
जब धधकती रहीं बस्तियाँ
जब उखाड़ी गयी झोपडियाँ
जब रक्षक ही बन गया भक्षक
तुम आये, रिपोर्ट ले गये
फिर तुम आये, कैमरों में भरकर ले गये
सोचा था सब कुछ सनसनीपूर्ण होगा
चौंकेगे राजनीति के महारथी
पर वे इसका फायदा उठा रहे हैं
ठण्डी हथेली को सेंक रहे हैं

पका रहे हैं दाल-बाटियाँ
खा रहे हैं/मजा उड़ा रहे हैं
अपनी गद्दी को जमा रहे हैं
चुनाव में जीत पक्की करा रहे हैं
हम ढूँढ़ ही रहे हैं
कहाँ गये ये अत्याचारी/अनाचारी
लगता है ये बता रहे हैं इलाज को बेइलाज
बहस सिर्फ बहस/आरोप-प्रत्यारोप
तो भी चल रहा है देश/सरकार
दिनोंदिन बढ़ रहा है अत्याचार/बलात्कार/नंगा नाच।।

महान चित्रकार हैं

वे बहुत बड़े हो गये
महान चित्रकार हैं
उनके चित्र लगते ही
नेता, राजनेता,
पूँजीपति, विदेशियों
की भीड़
उमड़ आती है।
कतारें बन जाती हैं।
चित्र वाह क्या कलाकृति
कहीं आदिवासी का
उघड़ता हुआ बदन
कहीं गरीब का
चिथड़ों से लिपटा यौवन
कहीं फागुन की
तरह महकती
उत्तेजक सुगन्ध
मांसल, देह का
एक अच्छा खासा प्रदर्शन।
भीड़ बढ़ती जाती है।

कला हजारों में जाती है
खूब सम्मान पाती है।
नेता उसे
अपना कार्ड थमाता है
किसी कला समिति का
अध्यक्ष बनाने की
मंशा बतलाता है।
विदेशी भी
अपना कार्ड थमाता है
विदेशों में
प्रदर्शनी आयोजित कराने
का जिम्मा उठाने की
बात दोहराता है।
सेठ भी उसे
अपना कार्ड थमाता है
शहर की
आलीशान होटलों के
विदेशी दारू व बार के
हर कमरों, सीढ़ियों पर
चित्र लगाने का
न्यौता थमाता है।
चित्रकार फूला नहीं समाता
गिरवी रखा हुआ देश
रोता नजर आता
इस तथाकथित
महान चित्रकार
का चेहरा
खुशियों से भर जाता।

व्यंग्य क्षणिकाएँ

नेता और कुत्ता

नेता को कुत्ते ने काटा
नेता में कुत्ते के
व कुत्ते में नेता के गुण आ गये
नेता पहले मूँछ वाला था
अब पूँछ वाला हो गया है
पहले मूँछ मरोड़ता था
अब दुम हिला रहा है
संसद में स्थान पा रहा है।

नेता और नाग

नेता को नागपंचमी के
कार्यक्रम में बुलाया गया
कार्यक्रम का उद्घाटन
नेता के हाथों कराया गया
दूध नाग को न देकर
नेता को पिलाया गया।

साँपनाथ नागनाथ

साँपनाथ गये
नागनाथ आ गये
वे फुफकारते फिर काटते
ये काटते फिर फुफकारते
दोनों जहरीले हैं
कोई कम, कोई ज्यादा
इसलिए नहीं निभाते
अपना कोई भी वादा।

पी.ए. व मन्त्री

पी.ए. ने मन्त्री से कहा
महोदय,
बाहर कुछ लड़कियाँ
माँग याने डिमाण्ड
लेकर आयी हैं
मन्त्री बोले
दो को अन्दर बुलवा लो
एक की माँग तू
एक की माँग मैं
भर दूँगा।

कम्प्यूटर

जब से उन्होंने
कम्प्यूटर खरीदा है
दिमाग नहीं चलता है
बाप का नाम पूछने पर
कम्प्यूटर से निकलता है।

चिड़ियाघर

मैं अपने मित्र के घर गया
उन्होंने बतलाया
वे लायन क्लब के
लायन हो गये हैं
पत्नी लायनेस
हो गयी हैं
बच्चा लियो हो गया है
मुझे ऐसा लगा
उनका पूरा घर
चिड़ियाघर हो गया है।

मेक-अप

रेल
लेट होते हुए भी
मेक-अप कर जाती है
फिल्मी सितारे
मेक-अप करते हुए
लेट हो जाते हैं।

पहचान

पहले आदमी
घूमने जाता था
अब कुत्ता उन्हें
घुमाने ले जाता है
बड़े घर की महिलाएँ
कुत्ते के मैचिंग कलर की
साड़ी पहनकर जाती हैं
मुहल्ले में उनकी पहचान
कुत्तों के कारण बनी है।

घोटाला

नेता ने घोटाला किया
हमने कहा
जो घट गया
सो घट गया
जो बँट गया
सो बँट गया
वो घपला-घपला कहाँ रहा
जो आपस में बँट गया।

भगवान

वे भगवान को मानते हैं
उनकी शक्ति को जानते हैं
हर वर्ष
बाल देने इसलिए जाते हैं
ताकि कोई उनका
बाल बाँका न कर पाये।

क्या जाता

राष्ट्रपति जी, विदेश यात्रा गये
तोहफे में
हाथी का बच्चा दिया
इसके एवज में
नेता को दे आते
देश के बोझ में राहत तो पाते।

जिन्दगी

वे लोहे की
कीलें खाकर
जिन्दगी चला रहे हैं
डाक्टर उनमें
आयरन की
कमी बतला रहे हैं।

नीति

राजा हरिश्चन्द्र ने
नीति के लिए
राज्य छोड़ा
नेता राज्य के लिए
नीति छोड़ रहे हैं।

ओलम्पिक खेल

अच्छा हुआ
ओलम्पिक खेल
चार साल में
एक बार आता है
हमारे देश का खिलाड़ी
हर वर्ष
शर्मिन्दा होने से
बच जाता है।

मौका

सगाई में शादी में
अन्तर रखा जाता है
ताकि किसी को
यह शिकायत न रहे कि
दुर्घटना से बचने का
उसे कोई
मौका नहीं दिया।

सम्पत लोहार

पिता का नाम : स्व. लखमी चन्द लोहार

जन्मस्थान : वल्लभनगर, जिला उदयपुर (राजस्थान)

जन्मतिथि : 26 जुलाई 1963

सम्प्रति : पश्चिम रेलवे में, उप-मुख्य इंजीनियर (निर्माण) के पद पर कार्यरत।

साहित्यि उपलब्धि : 'मुखौटे में आदमी' काव्य कृति प्रकाशित। अन्य पत्र-पत्रिकाओं में रचनाओं का नियमित प्रकाशन।
कवि-सम्मेलनों में काव्य-पाठ।

मो. : 09004490282

ई-मेल : sampatlohar66@gmial.com

नाग पंचमी

नाग पंचमी के दिन
श्रीमती जी कुछ परेशान लग रही थीं
न जाने क्या सोच कर
कुछ हैरान लग रही थीं
हमने पूछा भाग्यवान–
तुम्हारे इस चाँद से सुन्दर चेहरे पर
उलझनों की ये आड़ी-टेढ़ी रेखाएँ क्यूँ हैं।
इन झील सी गहरी आँखों में
दूर-दूर तक फैला सन्नाटा क्यूँ है।
वो बोली–
आज नाग देवता का पूजन करना है
लेकिन कहाँ पूजा करूँ
इसी सोच में यह हाल बना है।
हमने कहा श्रीमती जी–
आधुनिकता के इस भयावह दौर में
इंटरनेट और मोबाइल के शोर में
तुम भी कैसी बातें करती हो
घोर कलयुग में जीती हो और
सतयुग के नियम पालती हो
माना कि किसी समय नाग
सबसे विषैला जानवर माना जाता था
इसीलिए कथाओं में पूजा जाता था
मगर,
आज तो हर शब्द का अर्थ बदल गया है

हर अर्थ का सन्दर्भ बदल गया है
उन हरे-भरे जंगलों में
जहाँ कभी नाग बसा करते थे
वहाँ अब कंक्रीट के जंगल बन गये हैं
और इन जंगलों में
अब नाग नहीं इन्सान बसा करते हैं
लेकिन
यह भी सच है श्रीमती जी कि
अपने आप को
सबसे बुद्धिमान कहलाने वाला, आदमी
आज साँप से भी ज्यादा विषैला हो गया है
और उसमें भी नेता तो
नाग और कोबरा का भी बाप हो गया है
अरे, नाग तो अपने पूरे जीवन में
मुश्किल से दो-चार लोगों को काटता होगा
उसमें से भी शायद ही कोई मरता होगा
मगर नेता जब काटता है
अपनी वाणी से विष उगलता है
तो एक-दो आदमी नहीं
बल्कि पूरा गाँव और शहर तक उजड़ जाता है
और यदि दुर्भाग्य से कभी
नाग भी उसके लपेटे में आ जाये
तो वो भी बिना पानी माँगे सीधा स्वर्ग सिधार जाये
इसलिए श्रीमती जी सारी चिन्ताओं को छोड़िये
कथाओं में लिखे नागों की तलाश में
अपन समय मत खराब करिए
ये उतना ही मुश्किल है जितना
कोयले की दलाली में बेदाग बचना
इसलिए, पत्नी महोदया
हमारा कहना मानिये
आधुनिक विषैले नागों को पहचानिये
अपने मोहल्ले से थोड़ी दूर

एक बाहुबली नेता का घर है
वहीं जा कर उन्हें दूध पिला कर
अपना व्रत पूरा कर लीजिए।।
अपना व्रत पूरा कर लीजिए।।

समझौता फॉर्मूला

जबसे हमने समाज सेवा का बीड़ा उठाया है
घर-परिवार से ज्यादा
लोगों की सेवा में वक्त लगाया है
खामख्वा, बैठे-बिठाये, रास्ते चलते
अपनी श्रीमती जी से पंगा मोल लिया है
कभी-कभी तो मुझे लगता है
मैंने जानबूझ कर शेर की माँद में हाथ डाल दिया है
अक्सर समन्दर की तरह शान्त रहने वाली श्रीमती जी
अब बात-बात
पर किसी ज्वालामुखी की तरह धधकने लगती है
घर के शान्त-प्रिय वातावरण को
कभी संसद तो कभी विधान सभा बना देती है
घर में अब पहले की तरह
रामलीला का नहीं अपितु
आधुनिक महाभारत का मंचन होता है
पति-पत्नी के इस महायुद्ध में
कभी बेलन तो कभी बर्तन-भांडों
का भरपूर उपयोग होता है
रोज-रोज की तकरार से तंग आकर
नित्य बिगड़ती चेहरे की भूगोल से परेशान हो कर
हमने आदरणीय श्रीमती जी को वैसे ही मस्का लगाया
जैसे कोई चापलूस नेता उस सर्वशक्तिमान
आदरणीय मैडम को लगाया करता है
और बड़े ही आदर से एक समझौता फॉर्मूला सुझाया
हमारा फॉर्मूला भी एकदम फिट हो गया

किसी सुपर स्टार की फिल्मों की तरह हिट हो गया
अगर हम इसे किसी पुरस्कार प्रतियोगिता में भेजते
तो निःसन्देह नोबल पुरस्कार तक पा जाते
फॉर्मूला कुछ ये था दोस्तो
जब भी श्रीमती जी को हमारी किसी बात पर क्रोध आयेगा,
क्रोध के मारे बेलन से हमारा सिर फोड़ने को मन करेगा
तब भी वो एकदम सौम्य और शालीन बनी रहेगी
आदर्श भारतीय नारी की तरह
सब कुछ चुपचाप सहती रहेगी
यहाँ तक कि शादी के प्रारम्भिक दिनों की तरह
हम पर प्यार लुटाती रहेगी
मगर, अपनी एक डायरी में "आज का लड़ना बाकी है"
हमारे खाते में उधार लिखती रहेगी
जब भी हमें श्रीमती जी की किसी बात पर क्रोध आयेगा
बुरी तरह उनसे भिड़ने को मन करेगा
तब भी मैं, बेचारे मतदाताओं की तरह
सब कुछ चुपचाप सहता रहूँगा
यहाँ तक कि कंकड़ वाली दाल और जली हुई रोटियाँ भी
बड़े चाव से पकवान समझ कर खाता रहूँगा
मगर, अपनी एक डायरी में "आज का लड़ना बाकी है"
पत्नी के खाते में उधार लिखता रहूँगा
महीने के आखिर में हम आपस में
अपनी-अपनी डायरियों का मिलान कर लेंगे
किसको-किससे कितना लड़ना बाकी है
उसका हिसाब कर लेंगे
यदि अन्तर मामूली है तो एक-दूसरे को माफ कर देंगे
वरना हलकी सी तकरार कर लेंगे
और एक दूसरे को गले लगा
बीती बातों को बिसरा देंगे
सच बताऊँ दोस्तो,
घर में घटनाएँ, अब भी पूर्ववत घटित हो रही हैं
श्रीमती जी की कोई बात हमें तो

हमारी कोई बात श्रीमती जी को रास नहीं आ रही है
मगर, आपस में अब कभी तकरार नहीं होती
न कभी किसी की हार तो
न कभी किसी की जीत होती
भाइयों,
जिस दिन से समझौता फॉर्मूला अमल में आया है,
हमारा घर केवल घर नहीं
अपितु, स्वर्ग बन गया है
अपितु, स्वर्ग बन गया है

मोबाइल फोन

जब से हमने मोबाइल फोन लिया है
अपने सुख-चैन को
विधवा के सिन्दूर की भाँति गायब पाया है
दफ्तर में होता हूँ तो घर का आभास होता है
घर में होता हूँ तो, दफ्तर का बोझ साथ होता है
घर में भी मोबाइल पर बॉस के निर्देश, अनुदेश
वक्त-बेवक्त महँगाई की तरह साथ लगे रहते हैं
नित्य-नये चक्रव्यूह में,
अभिमन्यु की तरह हमें उलझाये रखते हैं।
कभी-कभी तो मुझे लगता है, बॉस हमें
कर्मचारी नहीं, अपितु बँधुआ मजदूर समझते हैं
दफ्तर में होता हूँ तो भी
हाल कोई खास अच्छा नहीं होता
अपने सहकर्मियों की तरह
ठीक से सो भी नहीं पाता
क्योंकि? पत्नी की ढेर सारी फर्माइशें
मोबाइल पर बार-बार आती रहती हैं
और मेरी हालत पति के बजाय
विविध-भारती के रेडियो स्टेशन जैसी हो जाती है
दोस्तो, पत्नी पहले भी

दफ्तर जाते वक्त लम्बी फेहरिस्त हाथ में थमाती थी
ढेर सारी चीज़ें लाने को कहती थी
मगर, याद नहीं रहा, भूल गया जैसी
रामबाण औषधी काम कर जाती थी
इस तरह बेवक्त जेब कटने से बच जाती थी
और महीने के आखिर में भी चेहरे पर
थोड़ी सी मुस्कान शेष रह जाती थी
मगर अब तो कोई बहाना ही काम नहीं आता
क्या दूध वाला, क्या किराने वाला
कोई एसएमएस तो कोई मिस्ड कॉल करता है
भविष्य में फिर कभी उधार नहीं देने की धमकी देकर
हमारा सुख-चैन हरता है
भाइयो,
एक दिन तो हमारा हाल बहुत बुरा हो गया था
मानो, मैं साक्षात मौत के मुँह में चला गया था
जब हमारी आदरणीय धर्म-पत्नी ने
साक्षात रणचंडी का रूप धारण कर लिया था
हम पर बेलन के प्रहार का जोरदार प्रयास किया था
मगर वह भी निशानेबाज़
अंजलि भागवत की तरह
निशाना चूक गयी और हमारे चेहरे की भूगोल
इतिहास बनते-बनते रुक गयी
हुआ कुछ यों था दोस्तो,
उस दिन किसी का मिस्ड कॉल मेरे फोन पर आया था
मोबाइल का नेटवर्क भी
नेताओं के चरित्र की भाँति गायब था
महँगाई से त्रस्त जनता की तरह मुझे भी
कुछ सूझ नहीं रहा था
मैं बात करने को घर की आखिरी छत पर चढ़ा हुआ था
यों ही किसी से हैलो-हाय कर बतिया रहा था
तभी हमारी श्रीमती जी ऊपर आयी
न जाने क्यों वहम से भर गयी

कहने लगी–
यहाँ एकान्त में किससे गुटरगूँ कर रहे हो
छुप-छुप के इश्क के पेंच लड़ा रहे हो
हमने कहा भाग्यवान,
तुम खामख्वाह एक पत्नीव्रता पति पर
इल्ज़ाम लगा रही हो
हमारे धवल चरित्र पर कालिख मल रही हो
मैं तो यों ही किसी के मिस्ड कॉल पर बात कर रहा था
परन्तु, वहम ही वहम में
वो मिस्ड कॉल को किसी का कॉल समझ गयी
और आगबबूला हो कहने लगी
कौनसी मिस, कैसी मिस,
कहाँ रहती है वो कलमुँही
तब बड़ी मुश्किल से मैंने बात को सँभाला था
अपनी प्यारी सी गृहस्थी को टूटने से बचाया था
मगर तभी से मुझे लगने लगा है
मोबाइल मेरे लिए वरदान नहीं
अपितु अभिशाप बन गया है
सुख-चैन का आधार नहीं, बल्कि
संकट का द्वार बन गया है।।

हीरा लाल

हमारे एक परिचित
नाम है उनका हीरा लाल
पेशे से भैया, वो श्रीमान है दलाल
दलाली के धन्धे में उनका बहुत बड़ा नाम है
कमीशन ले कर पैसे कमाना ही
उनके लिए रहीम और राम है
क्या आप भी उनसे मिलना चाहेंगे
अपना कोई रुका हुआ काम निकलवाना चाहेंगे
हम आपको उनकी थोड़ी पहचान बता देते हैं

आपकी राह आसान बना देते हैं
देश में फैले भ्रष्टाचार की तरह
उनकी है विशाल काया
उस पर भी उनका पेट
बड़ी हुई महँगाई की तरह बाहर निकल आया
क्रिकेट की गेंद की भाँति गोल-मोल चेहरा
जिस पर लालच का हरदम लगा रहता है पहरा
बेईमानी की हद सी बड़ी-बड़ी आँखें
जिन पर लगा रहता है
ईमानदारी का ज़ीरो नम्बर का चश्मा
सिर के बाल तो वर्षों पहले ही
उनके चरित्र की तरह गायब हैं
पैसों की भूख, कमीशन की लालच
हरदम उन्हें सताती है
यही उनसे हर उलटे-सीधे काम करवाती है
पैसों की इसी भूख ने उन्हें
बोफोर्स तोप सौदे में, दलाली का स्वाद चखाया
यूरिया खाद घोटाले से
भ्रष्टाचार की ज़मीन को उर्वरा बनाया
कोयला आवंटन घोटाले से
हाथों को ही नहीं बहुत कुछ काला कराया
टू-जी स्पेक्ट्रम का ऐसा बाजा बजा
इसका शोर सात समन्दर पार तक सुनाई दिया
अपनी कमीज़ को दूसरों की कमीज़ से
सफ़ेद दिखाने की होड़ में
दूसरों से आगे बढ़ने की दौड़ में
बेईमानी और भ्रष्टाचार
का हर डिटर्जेंट इस्तेमाल करवाया
देश में आप जहाँ कहीं भी नज़र डालेंगे
हर जगह हीरा लाल ही हीरा लाल नज़र आएँगे
एयरपोर्ट हो या बस स्टैंड या हो रेलवे स्टेशन
हर जगह उनका कमीशन से रहता है सीधा कनेक्शन

नामी-गिरामी अस्पतालों में भी नज़र आ जाते हैं
किसी के खून, किसी के बच्चे तो
किसी की किडनी का सौदा करते हुए
बड़े महानगरों की बदनाम गलियों में भी मिल जायेंगे
किसी बेबस अबला की इज्ज़त नीलाम करते हुए
सरकारी दफ्तर तो उनकी शरण स्थली ही बन गये हैं
जहाँ दिख जायेंगे वो
किसी की फ़ाइल को ढूँढ़ते,
तो किसी को गायब करते हुए
किसी मुर्दे को जिन्दा,
तो किसी जिन्दे को दफन करते हुए
यह उसी की प्रतिभा का कमाल है, दोस्तो
केन्द्र से चला एक रुपया,
गाँव की चौखट तक पहुँचते-पहुँचते
सिर्फ पन्द्रह पैसे रह जाता है
बाकी रास्ते में ही हाजमोला की गोली की तरह
हीरा लाल और उसके साथियों द्वारा
हजम कर लिया जाता है
भाइयो!
हीरा लाल कोई नाम नहीं है,
किसी व्यक्ति विशेष का
यह तो किस्सा है
हमारी भ्रष्ट हो चुकी व्यवस्था का
जिसने
सोने की चिड़िया वाले देश को कंगाल बना दिया
आप भी अब तो सावधान हो जाइये
अपने आस-पास भटकते
ऐसे हीरालालों को पहचानिये
उनकी भ्रष्ट करतूतों पर अंकुश लगाइये
और भारत को भय-भूख
और भ्रष्टाचार मुक्त बनाइये।।

लक्ष्मी दत्त तरुण

जन्मतिथि : 01 जनवरी 1954

शिक्षा : बी.एससी.

अनुभव : एन.पी.सी.आर.एल. चिकित्सालय में 1977 से 2014 तक फार्मासिट के रूप में सेवा।

काव्यमंच : 1982 में काव्यपाठ की शुरुआत।

प्रकाशन : सभी पत्र-पत्रिकाओं में रचनाएँ प्रकाशित

प्रसारण : दूरदर्शन, सब टी.वी., दबंग टी.वी. काव्यपाठ।

सम्पर्क : 407, नया बाजार, रावत भाटा वाया कोटा-323307 (राजस्थान)।

मो. : 9460006621, 9414331133

पंच तन्त्र की नयी कथा

रोटी की खातिर,
दो बिल्लियाँ फिर
आपस में लड़ पड़ीं
न्याय की आस लिये
बन्दर के पास चल पड़ीं,
इस बार बन्दर ने
न्याय किया सच्चा;
न धोखा न ही गच्चा
न चालाकी, न घिस्सा,
दोनों बिल्लियों के बीच,
बाँट दिया बराबर का हिस्सा,
उस में से अपना हिस्सा नहीं बँटाया
बन्दर था
बहुत ही चालू और छँटा-छँटाया
बिल्लियों को प्यार से पटाया
इस बार बन्दर ने नयी चाल खेली थी,
बिल्लियों से यह जानकारी ले ली थी!!
कि रोटी कहाँ सिंकी थीं कहाँ बेली थी,
बन्दर आये दिन अब वहाँ चला जाता है,
मौका मिलते ही
सब रोटियाँ चुरा लाता है
चिकनी चुपड़ी खुद के लिए छाँट लेता है
बाकी बची वह औरों के बीच बाँट देता है,
खूब मौज़ उडाता है,

मस्त रहता है मज़ा आता है
बताने वाले तो यह भी बतलाते हैं
कि कई बन्दरों के,
इन मुकद्दर के सिकन्दरों के,
विदेशी बैंकों में खाते हैं,
ऐसे बन्दरों की संख्या निरन्तर बढ़ रही है,
और जनता यहाँ
बिल्लियों की तरह लड़ रही है

मुर्गा, पेड़ और हम सब

जी हाँ!!
हमारे यहाँ,
नहीं है अलार्म घड़ी
उसकी जरूरत ही नहीं पड़ी,
देर रात कभी भी सोता,
हर सुबह ही ये होता
पड़ोस का मुर्गा आता, बाँग लगाता
और समय आकर जगा चला जाता
या फिर घर के बाहर लगे पेड़ पर
ढेर सारे पक्षी रात बिताते
सुबह सब के सब चहचहाते
तो हम सब के सब जाग जाते,
वर्षों से यह क्रम चल रहा था लगातार
लेकिन पिछले तीन-चार दिन से
ऐसा कुछ भी नहीं हुआ एक भी बार!!
हमें किसी ने नहीं जगाया,
न तो पक्षी चहचहाये,
और न ही वो मुर्गा आया!!
हमें पता लगाया तो एक दोस्त ने बताया
आपको पता नहीं चला क्या?
अजी ये तो कमाल हो गया।

बड़े साब की शादी की वर्षगाँठ थी न परसों
वो मुर्गा तो वहाँ हलाल हो गया,
और अब पेड़ पर भी पक्षी नहीं आते हैं
पेड़ का पत्ता-पत्ता झड़ गया है
जल गया गल गया है
प्रदूषण का अजगर अब
सारी की सारी हरियाली निगल गया है,
मित्रो!
पेड़ के संग और मुर्गे के साथ जो हुआ
वैसा किसी के संग न हो यही है दुआ,
पेड़ हो मुर्गा हो आप हों या कि कोई बच्चा हो
आने वाला कल उज्ज्वल हो
और सबका भविष्य बहुत अच्छा हो

सराहनीय पुलिस वाले

कचरे में से कबाड़ा बीनने वाली
शक्ल से सुन्दर, मैली कुचैली
चौदह-पन्द्रह साल की छोरी,
बेकरी से बर्थ डे केक की
करती पकड़ी गयी चोरी,
पुलिस ले आयी थाने
थानेदार उसे देखकर
बोला—तुम चोट्टों का यही काम है
पुलिस का तो जीना हराम है
ये बता क्या करता है तेरा बाप,
क्या नाम है तेरे बाप का?
लड़की चुप रही कुछ नहीं बोली,
इस पर थानेदार झल्लाया,
फिर जोर से चिल्लाया,
गूँगी है क्या? बताती क्यूँ नहीं कि क्या नाम है तेरे बाप का,

लड़की गर्दन झुका के धीरे से बोली, जी, बाप का नाम का पता नहीं
उसकी जगह पर साहब जी
चाहो तो लिखें आपका!
या फिर आपके किसी भाई का,
अफसर का नेता का,
हवलदार जी या किसी सिपाही का
जोड़ दो आप मेरी वल्दियत
चाहे जिस भी किसी से
मगर साब, सच तो ये है
कि हर अपराध की पैदाइश होती है,
मजबूरी से या किसी बेबसी से,
आप सोच रहे होंगे, इसने
केक चोरी करने की क्या वजह है?
साहब! मेरा भी मन खाने को हो गया था,
क्योंकि माँ ने कहा था,
बेटी आज तेरी सालगिरह है
इस घटना ने लम्पट कठोर पुलिस वालों के
मन को भीतर तक झिंझोड़ दिया था
उस लड़की का थाने में ही
जन्मदिन मनाया गया
नये कपड़े पहनाये गये, केक काटा गया
और आशीर्वाद देकर छोड़ दिया था।

वीनू महेन्द्र

जन्मतिथि	:	15 अगस्त 1944
जन्मस्थान	:	बर्मा
मंचस्थ	:	1978 से
फिल्मों में गीत	:	45 फिल्मों में (राजू बन गया जेंटलमैन, प्यार तो होना ही था, पांडव, गुलाम विशेष हैं)
विशुद्धतः	:	गीतकार
सम्प्रति	:	स्वतन्त्र लेखन
मो.	:	09821456375

मैं गीतकार हूँ, गीत लिखता हूँ
महँगा लिखता हूँ, सस्ता बिकता हूँ
जब कोई चेक मिल जाता है
तो जब तक न वो कैश हो पाता है,
बैंक के आस-पास ही दिखता हूँ

लोकतन्त्र है ये लोकतन्त्री बन जाइये,
यन्त्रों का ये युग है, बिल्कुल यन्त्री बन जाइये,
बी.ए., एम.ए. पास हो तो सन्त्री बन जाइये
और अँगूठा-छाप हो तो, मन्त्री बन जाइये।

अन्त है तो कहाँ, बेईमानी का पता नहीं
बिसलेरी में भरा कहाँ से, पानी का पता नहीं
कम्प्यूटर जब से घर आया, नानी का पता नहीं
फ़िल्में जाकर देखो तो, कहानी का पता नहीं

जल्दीबाज़ी न करते तो आसमान क्या हिल जाता
इससे टिकाऊ, सस्ता, सुन्दर मॉडल से मन खिल जाता
चीज़ जो अपने हाथ लगी है, काश न उस पर दिल जाता
और ज़रा रुकते तो इससे, अच्छा आयटम मिल जाता

है गुजरात में, दारूबन्दी, पर सब पीते-पाते हैं
कई पुलिस वाले तो वर्दी में ही पीने आते हैं
हर थाने में गाँधी का मुस्काता चित्र लगाते हैं
कुछ तो गाँधी के पुतले के नीचे ही पी जाते हैं

रोज़-रोज़ तो रानी भी अच्छी नहीं लगती है
जब देखो तब बिरयानी भी अच्छी नहीं लगती है
नौकरानी पर भी दिल आ जाता है सेठों का
तीसों दिन वही सेठानी भी अच्छी नहीं लगती है।

अपने साथी से एक चश्में वाले ने ये कहा, चश्मा पहनने से मिलती नहीं लड़कियाँ
सूट भी पहन के देखा, बूट भी पहन के देखा, कितना भी कुछ करो, तकती नहीं लड़कियाँ
साथी बोला अपना ये चश्मा उतार फेंको, फिर देखो कैसे मिल सकती नहीं लड़कियाँ
चश्मेवाला बोला मैंने ये भी करके देख लिया, पर चश्मा उतारने से दिखती नहीं लड़कियाँ

अपनी सहेली से इक टी.टी. की पत्नी ने कहा,
मेरी इक समस्या है जो हो सके सुलझाओ तुम
रात मेरे टी.टी. पति नींद में चिल्लाया करते,
जगह नहीं, जगह नहीं, मेरा सर न खाओ तुम
बोली तब सहेली जब वो ऐसा इस बार कहें,
एक सौ का पत्ता उनके हाथ में थमाओ तुम
फिर वो नींद में जब चिल्लाया, इसने सौ का नोट थमाया,
टी.टी. बोला जाके पचपन न. पे सो जाओ तुम

डैडी बोले जा बेटा, इक पोस्टकार्ड ले के आजा,
बेटा बोले बिन पैसों के कैसे मैं ले आऊँगा
डैडी बोले पैसा देकर तो कोई भी ला सकता है,
बिन पैसों के ला तो तुझको आपना बेटा मानूँगा
बेटा लिक्खा हुआ एक पोस्टकार्ड ले के आया,
डैडी बोले नालायक मैं इस पे कैसे लिक्खूँगा
बेटा बोला सादे पे तो कोई भी लिख लेगा डैडी,
इस पे लिख दें तो मैं अपना बाप आपको समझूँगा।

हलीम 'आईना'

जन्मतिथि : 6 मई 1966

जन्मस्थान : कोटा, राजस्थान में।

शिक्षा : एम.ए. (हिन्दी), फिल्म कथा लेखन पाठ्यक्रम पूर्ण कर हास्य-व्यंग्य कविता के क्षेत्र में पदार्पण। कक्षा आठ में अध्ययनरत रहते हुए 13 वर्ष की आयु में कविता लेखन की शुरुआत। 15 वर्ष में 10वीं में पढ़ते हुए कविताओं का प्रकाशन शुरू।

प्रकाशन : विगत 24 वर्षों से हिन्दी साहित्य की सेवा में सेवारत देश-विदेश की विभिन्न प्रतिष्ठित पत्र-पत्रिकाओं तथा संकलनों में निरन्तर प्रकाशित। राजस्थान साहित्य अकादमी के आर्थिक सहयोग से 2013 में 'हँसो भी...हँसाओ भी...' कविता संग्रह प्रकाशित।

प्रसारण : आकाशवाणी/दूरदर्शन तथा विभिन्न चैनलों पर हास्य-व्यंग्य कवि के रूप में काव्य-पाठ।

पुरस्कार : 'राजस्थान सरकार के पर्यावरण विभाग' तथा 'अखिल भारतीय सामाजिक चेतना कविता प्रतियोगिता' सहित अनेक राष्ट्रीय सम्मान एवं पुस्कार। वर्तमान में देश के चर्चित व्यंग्य कवि।

सम्पादन : 'अंसारी दर्पण' तथा 'मोमिन इण्डिया' का सम्पादन। अनेक साहित्यिक एवं सामाजिक संस्थाओं से सम्बद्ध रहते हुए राष्ट्रभाषा हिन्दी की सेवा।

सम्पर्क : निकट बी.एड. कॉलेज, सकतपुरा, कोटा-324008 (राजस्थान)

ई-मेल : haleemaaina@gmail.com

मो. : 09460006542, 08233959833

दोहे

बन्द लिफ़ाफ़े में बिके, कवि क्या दें सन्देश
जेब-भक्ति के दौर में, कौन बचाये देश

जन-जन के जनतन्त्र में, अजब-ग़ज़ब हैं खेल
छुटुअन की रोटी छिनी, मुटुवन रखी रखैल

पत्थर के भगवान की, ख़ातिर बिछा जहान
भूखे बच्चों के लिए, झिड़की और अपमान

गंगा-जल सम पाक है, यारो पर उपकार
धोलें मल के मैल को, कर लें निज उद्धार

होड़ लगी है 'आईना', कैसे लूटें देश
नमकहरामी से भरा, चहुँदिशि का परिवेश

'आईना' नव राज में, बेघर हुआ किसान
खेती की भू पर बने, आलीशान मकान

दोषी कौन?

साहब ने जैसे ही
मुर्ग़ी की तीसरी टाँग चबाई
अर्थात
एक को सलटा के

दूसरी नम्बर पे लगाई
तभी रफूचक्कर हो गयी
बिजली माई।

साहब पिनपिनाये–
'ये साले
बिजली वाले
निठल्ले अजगर साँप हैं,
काम-चोर गधे के बाप हैं...'

इतने में मेम साहिबा चीख़ीं–
'हुज़ूर क्या बकते हो?
बेचारे
बिजली वाले
कहाँ निठल्ले अजगर साँप हैं,
काम-चोर गधे के बाप हैं,
अरे!
बिजली विभाग के
आला अफ़सर तो
खुद आप हैं...?'

आत्मा की शान्ति

एक महा कवि की
आत्मा भटक गयी,
और चमगादड़ बन कर
एक चौराहे पर
बिजली के तार से
लटक गयी।

मैंने आत्मा से पूछा–
'हे परम आत्मा!

आप एक सिद्ध-प्रसिद्ध
कवि के
शरीर को भोग कर भी
कमाल है
इस क़दर भटक गयीं,
स्वर्ग सिधारने की जगह
चौराहे पर लटक गयीं।'

आत्मा ने बड़ी विनम्रता से कहा—
'बेटा!
कैसे मिले चिर शान्ति?
तुझ जैसे 'आईना-छाप' कवियों की
नज़रों से
ओझल हो चली हैं
'कविता' और 'क्रान्ति'।'

अबूझ पहेली

इंजीनियर साहब ने
पूरी की पूरी
ताँबे की केबल गटकाई,
और
मेमसाहिबा के गले में
सोने की चेन
बना कर लटकाई,

ताँबे की केबल
सोने की चेन में
कैसे बदल जाती है?

इंजीनियर के
इस चमत्कार के आगे

साइंस भी सिर झुकाती है,

इसे देखकर
समस्त प्रौद्योगिकी
लाज से गड़ जाती है।

यह एक ऐसी
पहेली है
जिस का हल
'लोक-तन्त्र की देवी'
तुरन्त चाहती है।

कारण

पाप का पलड़ा
पुण्य से
भारी हो रहा है,

तभी तो—
अच्छा-भला आदमी
सरकारी हो रहा है।

परिशिष्ट
कुछ यादगार दोहे और दोहेकार

❑ डॉ. माणिक मृगेश

'दोहा' मुक्तक काव्य शैली की सबसे लोकप्रिय विधा है। ऐसा लगता है कि यह संस्कृत के 2 पंक्तियों वाले श्लोक परम्परा से हिन्दी में आयी हो। मुक्तक उस स्वतन्त्र काव्य रचना को कहा जाता है जो अपना भाव बिना किसी पूर्व प्रसंग के कहने में समर्थ होती है। उर्दू में शे'र भी इसी तरह का मुक्तक है। 'पृथ्वीराज रासो' के महाकवि चन्दवरदाई व हिन्दी-उर्दू के पहले ग़ज़लकार, व्यंग्यकार, कव्वाली के प्रवर्तक श्री अमीर खुसरो हिन्दी में दोहा के पहले प्रयोक्ता माने जाते हैं। अमीर खुसरो की भाषा उर्दू, ब्रज एवं खड़ी बोली का मिश्रण है तो चन्दवरदाई की भाषा अपभ्रंश, डिंगल (राजस्थानी) एवं पिंगल (ब्रज) का मिश्रण है। दोनों में साम्य है तो वह यह है कि दोनों हिन्दी के पहले आशु कवि थे। चन्दवरदाई, योद्धा भी थे तथा विवेकी कवि थे। वे पृथ्वीराज चौहान के साथ रणक्षेत्र में उत्साह बढ़ाने के लिए जाया करते थे। युद्धक्षेत्र में ही पृथ्वीराज चौहान को मोहम्मद गौरी के बैठे रहने का सही स्थल बताते हुए चन्दवरदाई ने यह दोहा कहा था–

चार बाँस, चौबीस गज, अँगुल अष्ट प्रमाण।
ता ऊपर सुल्तान है, मत चूके चौहान।।

अमीर खुसरो भी आशु कवि थे। निम्नलिखित दोहा हिन्दी आशु कविता का प्रथम बहुचर्चित व बहुत लोकप्रिय दोहा है–

खीर पकाई जतन से, चरखा दिया चलाय।
आया कुत्ता खा गया, तू बैठी ढोल बजाय।

हुआ यूँ कि एक बार अमीर खुसरो यात्रा पर थे। रास्ते में प्यास लगी। एक पनघट पर पहुँचे। वहाँ चार परिहारिनें पानी भर रही थीं। उनमें से एक ने

पहचान लिया कि ये तो आशु कवि अमीर खुसरो हैं और शर्त रख दी कि यदि 'खीर' शब्द पर कविता सुनाएँ तो मैं पानी पिला सकती हूँ। इसी तरह क्रमशः शेष तीनों परिहारिनों ने चरखा, कुत्ता और ढोल शब्द दिए तथा पानी पिलाने का आश्वासन दिया। उक्त दोहा उसी समय आशु कवि अमीर खुसरो ने बोला था जिसमें चारों शब्द सार्थकता के साथ पिरो दिए।

अमीर खुसरो का एक और दोहा बहुत प्रसिद्ध है। उन्होंने अपने गुरु की मृत्यु पर आध्यात्मिक दृष्टि से लिखा था—

गोरी सोवे सेज पर, मुख पर डाले केस
चल खुसरो घर आपने, रैन भई चहुँ देस।।

जब आशु कवियों की बात चलती है तो हमें मथुरा के चौबे कवि भी याद आते हैं। हुआ यूँ कि एक बार कवि चौबे पटियाला के महाराजा रणजीतसिंह से मिलने पहुँचे। दरबारी उन्हें अन्दर जाने ही न दें। उन्होंने कहा कि भाई, मैं छोटा-सा कवि हूँ, मुझे जाने दीजिए। दरबारियों ने कहा कि जाने तो देंगे लेकिन शर्त यह है कि आप दरबार में जाकर सभी की उपस्थिति में महाराजा के रूप-रंग और आचार-विचार पर कविता सुनायेंगे। कवि बोले ठीक है, जाने तो दीजिए। कवि अन्दर गये। शिष्टाचार भेंट की और उसके बाद महाराजा रणजीतसिंह की प्रशस्ति में यह दोहा पढ़ा—

औरन के द्वै द्वै भई, तेहि अँखियाँ केहि काज।
तेरी एक ही आँख में, कोटि आँख की लाज।।
जय हो महाराज।

(ध्यान रहे कि महाराजा रणजीतसिंह की एक आँख खराब थी।)

महाराजा खुश हुए और उन्होंने महीनों कवि को सरकारी अतिथि के रूप में अपने महल में रखा।

बाद में समस्यापूर्ति भारतेन्दु व द्विवेदीयुग में एक विधा ही बन गयी। अब शब्द नहीं पंक्तियाँ दी जाती थीं और उस पंक्ति पर कविता या सवैया लिखना होता था।

इसके बाद हिन्दी के भक्ति युग में प्रवेश करते हैं। कबीरदास, तुलसीदास, रहीमदास, केशव आदि मिलते हैं। इन सभी ने दोहे लिखे लेकिन प्रसिद्धि पायी तो कबीर और रहीम के दोहों ने। कबीरदास के निम्नांकित दो दोहे जगतप्रसिद्ध हैं—

गुरु गोविन्द दोऊ खड़े, काके लागूँ पाय।
बलिहारी गुरु आपकी, गोविन्द दिये बताय।।

तथा

पोथी पढ़ि पढ़ि जग मुआ, पण्डित भया न कोय।
ढाई आखर प्रेम का, पढ़े सो पण्डित होय।।

जायसी ने भी 'पद्मावत' में दोहे लिखे हैं उनके निम्नांकित दोहे ने भी खूब लोक प्रसिद्धि पायी है। नागमती के विरह का (विप्रलम्भ शृंगार) सटीक वर्णन किया है–

लकड़ी जल कोयला भई, कोयला हुई गयी राख।
मैं बैरिन ऐसी जली, कोयला भई न राख।।

तुलसीदास ने अपने काव्य में अधिकांशतः चौपाइयों का प्रयोग किया है। मगर बीच-बीच में दोहा और सोरठा भी लिखे हैं। तुलसीदास के भी निम्नांकित दोहे ने खूब शोहरत बटोरी है–

आवत ही हरषै नहीं, नैनन नहीं सनेह।
तुलसी वहाँ न जाइए, कंचन बरसै मेह।।

दोहा और रहीम एक दूसरे के पर्याय हैं। रहीम ने नीति व शिक्षाप्रद दोहे ही लिखे। यूँ तो उनके सैकड़ों दोहे लोगों को मुँह जुबानी याद हैं, निम्नलिखित दोहे बहुत ख्यात हैं–

रहिमन धागा प्रेम का, मत तोड़ो चटकाय।
टूटे से फिर ना जुड़े, जुड़े गाँठ परि जाय।।

x x x

धूरि धरत निज शीश पर, कहहु रहीम केहि काज।
जेहि रज मुनि पत्नी तरी, तेहिं ढूँढ़त गजराज।

रहीमदास जी जिज्ञासा करते हैं कि यह गजराज (हाथी) अपनी सूँड़ से धूल एकत्रित करता है और अपने शरीर पर उँडेल लेता है। क्या वजह है? उत्तर मिलता है कि यह हाथी उस रज (धूल) को हर जगह ढूँढ़ता है जिस रज ने मुनि गौतम ऋषि की पत्नी अहल्या का तारण किया था।

देखा आपने, पूरी एक पौराणिक कथा को अड़तालीस मात्रा के दोहे में बखूबी रहीमदास ने गुंफित कर दिया है।

केशव कठिन काव्य के प्रेत कहे जाते हैं। उनकी रामचन्द्रिका पिंगलशास्त्र का अनुपम दस्तावेज है। रामचन्द्रिका में विविध रूपों का प्रयोग किया गया है। केशव का निम्नांकित हास्य दोहा तो जगत प्रसिद्ध है ही–

केशव केसन अस करी ज्यों रिपुहू न कराहि।
चन्द्रवदन मृगलोचनी, बाबा कहि कहि जाहि।।

केशव के बाद हमें रीतिकाल के रीतिसिद्ध कवि बिहारी जी के दर्शन होते

हैं। उन्होंने तो दोहों को लेकर 719 दोहों की एक सतसई ही लिख दी जो बाद में एक परम्परा बन गयी।

सतसई के दोहे उक्ति वैचित्र्य, सामासिकता, व्यंग्योक्ति, वक्रोक्ति एवं आलंकारिकता से पूर्णतः ओतप्रोत हैं। इसीलिए बिहारी सतसई के बारे में निम्नांकित दोहा (दोहाकार : अज्ञात) बहुत ही विख्यात है–

सतसैया के दोहरे, ज्यों नावक के तीर।
देखन में छोटे लगें, घाव करें गम्भीर।।

बिहारी जी के निम्नांकित दोहे ने बहुत ख्याति पायी–

"नहिं पराग नहिं मधुर मधु, नहिं विकास इहिंकाल।
अली कली हों सो विंध्यो, आगे कौन हवाल।।

बिहारी ने गागर में सागर भर दिया है। ये उक्ति उनके बारे में बहुधा कही जाती है। निम्नांकित दोहा इस तथ्य की पुष्टि करता है–

कन दैबो सौंप्यो ससुर, बहू थुर हथी जान।
रूप रहंचटो, लग लग्यो, माँगन सब जग आन।।

इस दोहे में बिहारी ने पूरी एक लोककथा को बाँध दिया है। कथा यूँ है–

"एक गाँव में बड़े जमींदार थे। उनके यहाँ परम्परा थी कि जो भी याचक उनके दरवाजे पर आता था उसे अंजलि भरकर अनाज दान के रूप में दिया जाता था। एक बार अकाल पड़ गया और अनाज घर के खर्च लायक ही पैदा हुआ। अब जमींदार परेशान। उन्होंने तरकीब निकाली कि उनकी जो पुत्रवधू है अल्पवय है, लिहाजा उसकी अंजलि भी छोटी बनेगी। इस तरह अनाज कम जायेगा और हमारी भी परम्परा जारी रहेगी। और अनाज बाँटने का काम उसे सौंप दिया। लेकिन बहू इतनी सुन्दर थी कि याचकों का ताँता लग गया। अनाज का दान लेने के लिए नहीं, वधू-दर्शन के लिए। बताइये ससुर की क्या हालत हुई होगी। इस तरह की सिद्धहस्तता थी तो केवल और केवल बिहारी में ही थी।

उक्ति वैचित्र्य हमें और भी कई कवियों में देखने को मिलता है। सूफी कवि हुए हैं दरिया साहब जो कबीर के शिष्य थे। कबीर की भाँति उन्होंने भी पद और दोहे लिखे। उनका भी निम्नांकित दोहा बिहारी जैसा ही है। उन्होंने पूरी एक घटना को दोहे में पिरो दिया है–

सबहिं कटक सूरा नहीं, कटक माँहि कोई सूर।
दरिया पड़्यो पतंग ज्यों जब बाजे रण तूर।।

कथा इस प्रकार है–राजा के पास एक हाथी था। उस हाथी पर बैठकर उसने सैकड़ों युद्ध जीते थे। हाथी बूढ़ा हो गया। हाथी के साथ वाला महावत भी

अपने गाँव चला गया। नया महावत हाथी को पानी पिलाने के लिए तालाब में ले गया। तालाब दलदली थी। हाथी पानी पीकर जब बाहर निकलने लगा तो दलदल में फँस गया। बहुतेरा जोर लगाया, नहीं निकल पाया। गाँव के सभी लोग आ गये। भीड़ इकट्ठा हो गयी महावत उसे बरछी से, भाले से मारने लगा ताकि वह बाहर निकल सके। हाथी के खून बहने लगा। आँखों से आँसू। खबर राजा तक पहुँची। राजा आये। देखकर वह भी रोने लगे। मैंने इस हाथी पर बैठकर सैकड़ों युद्ध जीते हैं। उन्होंने तुरन्त पुराने महावत को ढूँढ़कर बुलाने का आदेश दिया। पुराना महावत आया। आकर महावत पर चिल्लाया–अरे निर्दयी इसे मार डालोगे? यह रण का हाथी, कटक का हाथी है। शूरवीर है। लाओ रण के बाजे बजाओ (रणतूर)। जैसे ही रण का तूर बजना शुरू हुआ, हाथी छलाँग मार कर तालाब के बाहर। तो पाठको दरिया साहब का यह दोहा भी कम गम्भीर नहीं है।

कुछ दोहे हमें ऐसे भी मिलते हैं जो दो कवियों के मध्य के हैं या दो कवियों ने लिखे हैं।

कवि गंग और रहीम समकालीन थे। रहीम के पिता फौज में बड़े अफ़सर थे। रहीमदास की आर्थिक स्थिति बहुत मजबूत थी। लेकिन बड़े उदार थे। सारा पैसा यार-दोस्तों, कवियों, जरूरतमन्दों पर खर्च कर देते थे। इस बात को इंगित करते हुए कवि गंग ने रहीम को कहा–

सीखे कहाँ नवाब जू ऐसी देनी दैन।
ज्यों-ज्यों कर ऊँचौ कियो, त्यों त्यों नीचे नैन।।

रहीमदास ने उत्तर दिया–

देनदार कोई और है, देत रहत दिन रैन।
लोग भरम हम पर करें, ताते नीचे नैन।।

जब दोहों की बात चलती है तो साहित्यप्रेमी जानते हैं कि कवि 'रसलीन' केवल निम्नांकित दोहे के कारण ही हिन्दी साहित्य में अमर हो गये–

अमिय हलाहल मदभरे, स्वेत स्याम रतनार।
जियत मरत, झुकि झुकि परत, जिंहि चितवत इक बार।।

यथासंख्या अलंकार का बेजोड़ उदाहरण है। इस दोहे को अधिकांशतः बिहारी को समझ लिया जाता है।

रसलीन तो एक दोहे का कारण हुए लेकिन आलम और शेख दोनों ने केवल एक दोहा लिखा और दोनों अमर हो गये। बात ऐसी हुई कि आलम कवि थे। उन्होंने दोहे की यह अर्धाली–

कनक छरी सी कामिनी, काहे को कटि छीन।

तो लिख ली। दूसरी पंक्ति बन ही नहीं पा रही है। यह पंक्ति लिख ली और अपने सोफ़े में टाँक ली। फिर कभी पूरा करेंगे, कुछ दिन बाद साफ़ा रँगवाने के लिए रंगरेज़न के पास डाल दिया। रंगरेज़न शेख़ भी कवयित्री थी। उसने जब सोफ़े में टँकी हुई पंक्ति पढ़ी और तुरन्त अपनी तरफ से दूसरी पंक्ति–

कटि को कंचन काट विधि, कुचन मध्य धर दीन।

लिख पूरा दोहा कर साफ़े को रंग कर उसके साथ नत्थी कर दिया। और इस प्रकार यह पूरा दोहा हो गया–

कनक छरी सी कामिनी, काहे को कटि छीन।
कटि को कंचन काट विधि कुचन मध्य धर दीन।।

आज कवि सम्मेलन बड़े लोकप्रिय हो रहे हैं। कवि सम्मेलनों में भी कुछ कवि दोहे पढ़ते हैं। सबरस और हुल्लड़ मुरादाबादी ने दुमदार दोहे लिखने की शैली का सूत्रपात किया जो काफी चर्चित है। प्रस्तुत है सबरस जी का दुमदार दोहा।

भारत में जो भी मरे, वही स्वर्ग को जाय।
पता नहीं ये नर्क क्यों, विधि ने दिया बनाय।
वहाँ क्या भैंस बँधेगी?

–सबरस

और अन्त में, किसी अज्ञात रचनाकार के इस दोहे के साथ जो कि हरियाणा और ब्रजांचल में अकसर होली के अवसर पर सुना जाता है–

गंग-भंग दो बहिन हैं, सदा रहत शिव संग।
मुर्दा तारन गंग है, जिन्दा तारन भंग।।

'दोहा' मुक्तक काव्य परम्परा की सर्वाधिक लोकप्रिय विधा है। जब तक कविता रहेगी तब तक यह दोहा विधा रहेगी।

❑❑